新しい広報の教科書

New
Public Relations
Textbook
by Tomokazu Kurita

栗田朋一
株式会社PRacademy
代表取締役

朝日新聞出版

はじめに

２０２０年、新型コロナウイルスの感染拡大により、世の中は大きく変わりました。テレワークやオンライン会議が浸透し、メディアからの取材もオンラインや電話、メールのやりとりのみで完結することが増え、コロナ絡みの話題ばかりを求められる時期もありました。

本書の元となった本は２０１４年9月に上梓しましたが、どんなに取材の手法やツール、求められる情報が変わっても、根本的な記者と広報のコミュニケーションのあり方は不変ですし、興味を持ってもらえる広報ネタのつくり方、伝え方も変わるものではありません。

どうしたらメディアが自社のことを取り上げてくれるのか、その広報の普遍的な課題に応える具体的なテクニックを伝授するのが本書の目的です。そして、これらのテクニックは既存の広報ハウツー本とは異なる、まったく新しい視点での成功法則だと自負しています。おかげさまで、願いを込めてつけたタイトルが現実となり、若手からベテランまで広報担当者の教科書として愛読していただいています。

この本の中で挙げている事例も、私が以前に勤めていた株式会社ぐるなびで手掛けたものが多く、少し時が経ってしまっています。しかしながら、そのとき使った必勝法やそこから学べることは古びることなく、また、例としても理解しやすいので、そのまま残すことにしました。

そして、読者のみなさんからとても好評をいただいてきた、凄腕広報担当者の方々が明かす事例については、今回、新たに章（第7章）を設けて、ボリュームアップしました。広報活動がうまくいっている11社の広報担当者たちは何を考え、どう行動し、どのように広報の仕事と向き合っているのか。成功の秘訣や明日から実践できる手法、失敗の生かし方など、あますことなく語ってくれていますので、ぜひそちらも参考にしていただければと思います。

コロナ禍によって、人と気軽に会ったり食事に行ったりできないという、予想もしなかった事態に私たちは遭遇しました。この状況に置かれて、私は、あらためて「攻めの広報」の実践が確実に効いてくることを実感しています。

というと、何か難しいことのような気がするかもしれませんが、「攻め」とは、自分から積極的に出る、ということです。できないことで落ち込んだり、できるようになるまで待っているのではなく、状況に制限がある中でできる最大限のことを、最大限やってみる、ということです。

冷静に考えれば、コロナ禍でなくても、どんなときも状況に制限はあるのです。「攻めの広報」を続けていると、その困難を逆手に取って工夫を楽しむ、まさに広報の醍醐味にすらなり得ます。

「攻めの広報」を成功させるベースとなるのが、自分に自信を持つこと。

そのためには、武器が必要です。武器を持たずに戦っては、当然ながら成果は期待できません。その武器とは会社や上司から与えられるものではなく、自分で手に入れるもの。そして、望んで行動すれば、誰でも手に入れられるのです。

具体的には、次の三つ。

①本当に使える広報ノウハウ
②本当に役立つマスコミ人脈
③他社広報担当者とのつながり

この三つの武器を携えれば、「攻めの広報」は実現できます。

さらに、もう一つ、これからの広報のあるべき姿は「創る広報」です。

今までは、まずは会社の商品・サービスがあって、それを世の中に認知させていくために広報活動をするという流れでしたが、これからは広報発で商品・サービスを開発したり、メディア受けしやすい企画を提案するなど、商品・サービスの根底の部分から積極的に広報が関わっていく必要が出てきます。本書では「ＰＲストーリー」というワードがたびたび出てきますが、これこそ「創る広報」の代名詞です。

この「攻めの広報」や「創る広報」は、やり方を覚えてしまえば誰でもできるようになりますし、時が経っても色あせることはありません。本書を読んで実践すれば、誰もが広報のエキスパートになれるはずです。みなさんもぜひ本書の扉を開いて、新しい広報の世界で一緒に輝いていきましょう。

栗田朋一

もくじ

第2章

メディアとはしなやかで、したたかなお付き合いを

第3章 PRストーリーはハッタリを利かせる

第4章
「創る広報」は社内ネットワークが決め手

第5章 競合でも異業種でも 他社との連携は欠かせない

第6章 ＳＮＳの上手な使い方

第7章 凄腕広報担当者に聞く！ 私とわが社の広報術

＊本文中の企業名、事業内容、部署名、各種データ、個人の肩書きなどは２０２１年３月１日時点のものです。

編集協力 大畠利恵
杉山直隆（オフィス解体新書）
井上かほる
東ゆか
ブックデザイン 三森健太（JUNGLE）
校閲 くすのき舎

第 1 章

ニュースリリースをつくる前に

実は広報の仕事で
一番難しいと言ってもいいニュースリリース。
心構えとしては「基本的に読んでもらえないもの」
という前提から始めることです。
それを、「マスコミの人が思わず読んでしまうもの」に
変える方法を、本章ではお伝えします。

リリースはまったく読まれていない!?

「企業から送られてくるニュースリリースですか……。申し訳ないけど、この10年間ほとんど読んだことないです」

これは、もう7年前のことになりますが、キー局のテレビ情報番組を10年間担当しているディレクターから聞いた話です。

衝撃的な発言かもしれませんが、私は「そうだろうなあ」と納得しました。私もニュースリリースをしっかり読んでいるマスコミ関係者は少ないだろうな、と感じていたからです。この状況は今も変わっていません。

私は株式会社ぐるなびで、2007年からの約6年半広報を務めていました。ぐるなびに入る前も企業の広報部門やPR会社で、トータル17年間、広報畑を歩んできました。広報に配属されると、まず覚えなければならないのがニュースリリースの書き方です。

私も広報担当になったとき、やはり最初にそれを上司から教えられました。広報の初心者向けセミナーでも、広報の入門書でも、必ず基本中の基本として出てきます。

ニュースリリースとは、報道関係者に対して自社の〝ニュース〟を、正確にわかりやすく伝えるツールの一つです。プレスリリースとも呼ばれ、自社の新商品やサービスを発表するときにマスコミ各社に送るものです。

当然、目的はニュースリリースを受け取ったマスコミ各社に報道してもらうこと。それによって会社の知名度・理解度をアップさせ、売り上げや業績につなげていくのです。

そんな大事なツールですから、つくるときには細心の注意を払います。何度も何度も書き直したり、社内の関係部署の担当者に確認をしたり、書かれている数字や表現で間違いがないか二重三重のチェックを受けたり、最終的には社長の承認も必要になります。1本のリリースが完成するまでには、多くの人が目を通し、多くの手間と時間を要するのです。まさに難産の末にやっと生まれてきたわが子のようであり、丹精こめて書き綴ったラブレターのようなものだと、よく表現されます。

そうまでして生み出したわが子同然のニュースリリースが、なぜ報道関係者にきちんと読んでもらえないのでしょうか。

平均すると、1人の報道関係者のもとに届くニュースリリースは1日に100本以上。多いときは1000本にもなるそうです。これでは冒頭のディレクターの言葉は当然ではないでしょうか。もしすべてに目を通していたら、数時間かかってしまいます。このディレクターだけではなく、多くの報道関係者は口をそろえて「リリースなんて読んでいませんよ」と言っているのです。

私もニュースリリースを送った後で、「先日お送りしたリリースの件ですが……」と売り込もうとすると、ほとんどの報道関係者の反応が鈍いことには、広報の仕事に就いてまだそれほど経っていないころから気付いていました。そこで改めて口頭で企画を説明しても、「わかりました、後でリリースを読んでおきます」と流されてしまうのがオチです。

ニュースリリースを書き上げ、500件にも及ぶマスコミ各社に一斉配信し、それで自分の仕事が終わったと満足している広報担当者は多く見られます。しかし、実はそこからが本当の仕事です。どんなに名文で綴り、きれいなレイアウトで見せても、ほとんど読まれることなくゴミ箱に捨てられてしまうようでは、単なる紙切れと同じでしょう。マスコミに取り上げてもらえない広報は、どんなに頑張っていても仕事をしているとは言えません。

私はこれまでにニュースリリースを使わずにマスコミに企画を持ち込み、取り上げてもらったことが何度もあります。要はパッケージよりも中身が重要なのであり、パッケージの見せ方にこだわっていても意味はない、ということです。

広報の入門書ではテンプレートまで載せて書き方をレクチャーしているものもありますが、

そのとおりに書いても取り上げられる可能性が上がるわけではありません。「そもそもリリースは読まれていない」ということを念頭に置いて、これから紹介する私の広報術にお付き合いください。

もちろん、リリースも大切です。「リリースを書くな」と言っているわけではありません。広報の基本として必須の業務には違いないからです。ただし、それだけでは水泳でビート板を使って泳ぎの練習をしているのと同じ。ビート板を離さないと泳げるようにはなりません。自力で泳げるようになるための手段、つまり、もうリリースだけに頼らないPR方法、それが本書でご紹介するノウハウなのです。

企業の中での役割

「広報の仕事って何だろう?」

初めて広報の仕事に就いた人は、そう思うでしょう。

ここでは、広報の大まかな仕事についてご説明します。

広報の主要な仕事は一言で言うと、「企業の活動や商品を、メディアを通じて消費者に伝えること」です。ここでいうメディアとは、新聞や雑誌、テレビといった主要な媒体のほか、インターネットも含みます。

広報の仕事は対マスコミというイメージがありますが、それは少し違います。その先にいる消費者に対して発信するのが、本来の役割です。メディアを通して自社の情報に触れた消費者に、商品を買ったりサービスを利用するなどの行動を起こしてもらう。その第一歩としてマスコミにいかに取り上げてもらうのかを考えるのが、広報の役割なのです。

一般的に、広報の仕事は大きく社外広報と社内広報の二つに分けられると言われています。
社外広報は、自社の商品やサービスをマスコミや消費者にPRする業務です。

・ニュースリリースをつくって配信する
・マスコミの取材の対応
・取材時の社内調整をする
・原稿をチェックする（事前確認ができる場合）
・広報イベントを企画し、運営する

・インターネットを使ってPRする

などが社外広報の仕事です。

社内広報は、社外や社内の情報を自分の会社の人たちに伝える業務です。

・自社がメディアで取り上げられたときに報告する
・業界や同業他社の情報などを集めて関係者に伝える
・社内のイベントを告知する
・社内報を作成する

こういった仕事が社内広報です。

ほかにも採用広報や危機管理広報などがありますが、これらの仕事自体は、今までもこれからも変わりはないでしょう。しかし、仕事の優先順位は変わってきています。それに気付いていない広報担当者が多いのです。

「広報」と「宣伝」の違い

それでは、そもそも広報と宣伝の違いは何なのでしょう。

周知のことのようで、わかっていると思い込んでいると、そこに意外な落とし穴がありま す。

広報と宣伝は、まさに似て非なるもの。自社の情報をメディアで紹介してもらうという意味では同じですが、その方法はまったく違います。たいていの企業では、広報部と宣伝部は分かれています。そして、広報部にはあまり予算はつかず、宣伝部に多くつぎ込まれます。

宣伝で筆頭に挙げられるのは、テレビCM。新聞では全面広告や、記事下の5段を使って広告を大々的に打ちます。雑誌に載せる広告や新聞の折り込みチラシ、ポスターやカタログなども宣伝になります。宣伝は自分たちでプランを練り、お金で媒体の広告枠を買い、企業側が言いたいことを伝えたい形で発信します。特にテレビCMは話題になりやすく、やはりインパクト大です。だから宣伝は特効薬であり、即効性があるとよく言われます。

対して、広報はじわじわ効いてくる漢方薬のようなもの。広報はメディアの記者など第三者を通して情報を発信することになります。だから自社の望んでいるとおりに取り上げてもらえるとは限りませんし、それ以前に、メディアで紹介してもらうまでが大変です。たとえば1冊の雑誌だけに掲載してもらったとしても、なかなか話題にはなりません。そこで、メディアでの紹介をコツコツ増やしていったり、インターネットを使って口コミで広げてもらったり、話題として世の中にじわじわと浸透していくようにするのです。

広報は宣伝に比べてお金を使えず、制約も多いのですが、その分知恵を絞ってあの手この手でメディアの関心を引くことを考える必要があるので、緻密な戦略と創意工夫が必要とされる仕事です。

だからこそ、私は広報の仕事はやりがいがあり、非常におもしろいと思っています。

使い古された表現ですが、宣伝広告は「Buy Me」、広報は「Love Me」と言われます。広告は見る人に「私（自社の製品やサービス）を買って！」と訴求するのに対して、広報は「私を愛して！」と訴求するのです。愛はお金で買えない、だから広報にお金は不要とも言えます。

しかし、「愛だって金で買えるぞ！」と反論したくなる人もいるでしょう。確かに、広報でもお金を使って露出させる手法は存在しています。お金をかける広報も最近は目立ってきました。お金で手に入れた愛は、お金がなくなると消えてしまいます。本当にそれは最善策でしょうか。

「お金をかけずにできる広報」とは

広報はもともと予算をあまりつけてもらえない部署ですが、大手企業と中小企業やベンチャー企業とでは、さらに予算のつけ方に差が出るでしょう。

たとえば、企業が新商品を発表するときに、タレントを招いてPRイベントを開くことがあります。通常、これらは広報が企画して運営します。このとき、マスコミ各社に取材案内を送り、「取材に来てください」と声をかけておきます。ところが、当日は1社も取材に来なかったという悲しい事態になることもあるのです。

それでは困るので、お金をかけられる企業は新聞社にお金を払って、広告枠を買っておくのです。一概には言えませんがスポーツ新聞の場合、囲み記事を買うには、だいたい100万~120万円ぐらいかかります。その枠を買っておけば、当日に大きな事件や事故が起きたとしても、必ずその新聞社はイベントに取材に来てくれます。

さらに予算がある企業なら、2紙か3紙の枠を買うこともあります。なかでもスポーツ紙は1紙でも記事が出ると、そこからテレビに派生する可能性があります。スポーツ紙の紙面は、翌朝の情報番組で紹介されることが多いので、そこまで期待して広告枠を買うのです。

ほかにも、紙媒体では編集タイアップ記事や記事広告、電波媒体でも番組の中に商品やイベントの告知ができる企業PR枠や、インフォマーシャル（テレビショッピングのようなCM）を設けていることもあり、これらは純広告よりも安くて効果的だとも言われています。

しかし、こういった方法は安いとはいえ、まぎれもなくお金がかかってくるので、ある程度予算に余裕がある企業でないと実施しづらいでしょう。余裕のない企業の場合は、タレントを招いたイベント自体を開けませんし、編集タイアップ記事も出せません。

やはり、お金があるほうが有利なのでしょうか？　そんなことはありません。現に私はお金をかけずに多くのメディアに取り上げてもらってきたからです。

ぐるなびでは、広告予算こそ少ないものの「マスコミとの人脈づくりに使うお金は惜しむな」という方針でしたので、広報担当としてはとても仕事がやりやすい環境でした。

「記者との交際費は毎日10万円使ってもいいぐらいだ」と言う役員もいたくらいです。荒唐無稽に思えるかもしれませんが、毎日10万円を使って、年間で3650万円投資したとしても、当時は新聞で全面広告を2回出したら全部飛んでいってしまう金額です。それなら毎日交際費を使ってメディアの人と懇親会を開き、人脈を築いたほうが、広く深く情報を発信してもらえる確率が高くなります。そういった信頼関係で記事を仮に年間10回書いてもらったとしたら、費用対効果は計り知れません。高い費用がかかる宣伝よりも何十倍、何百倍もの価値があるのです。さすがに毎日10万円も使うことはありませんでしたが、ぐるなび時代の私は、平日はほぼ毎日マスコミとの懇親会を開いていました。

私が入社する前の2006年度、ぐるなびのメディア露出件数は年間で約400件でした。それが13年度では3000件以上。特にテレビでの露出は年間のベ100番組以上と週に2回はぐるなびがテレビで紹介されている状態となったのです。この7年間で広報の予算が劇的に増えたというわけではありません。それでも露出が大幅に増えたのは、やはり人脈を築き、メディアの人の心に刺さるようなストーリーを提案し続けていたからでしょう。

それでは、お金をかけずに行った広報の中で、特に話題になった例をご紹介します。

みなさんは商品を販売する際に「訳あり〇〇」というフレーズが使われているのを目にしたことがあるかと思います。実はこれ、ぐるなび発のブームなのです。08年8月、「ぐるなび食市場」の特集の一つとして、「訳ありグルメ特集」がひっそりとスタートしました。訳ありグルメとは、味や品質にはまったく問題がないのに、見た目や形などに難があるだけで、正規品よりも安くなっている商品のことです。「訳あり」という言葉ができる以前には、「規格外」や「傷物」「半端物」などと呼ばれていました。

企画が始まった当時はリリースも出していませんし、対外的な告知はほとんどしていませんでした。その特集が始まって1カ月後の同年9月、アメリカのリーマン・ショックの影響が日本でも出始め、不況感がじわじわと広がっていました。世の中では、買い控え、貯金、節約志向などのキーワードが頻繁に出るようになりました。

そのとき私は、「訳ありの商品は、主婦の賢い節約術として世の中に浸透するのでは？」と思いつき、産経新聞と東京新聞の生活担当記者の方に売り込んでみたのです。

すると、産経新聞の生活面に掲載され、その記事がテレビの新聞紙面紹介のコーナーでも取り上げられました。一度火がついたら、あとは一気呵成《いっきかせい》に攻めまくり、定期的に「訳ありランキング」を発表したり、訳あり商品が生まれるまでの舞台裏を公開したり、「訳あり」の担当者を前面に出したり、「訳あり宿」「訳あり飲食店」などに横展開したりして常に新しくおもしろいと感じてもらえそうな話題を提供したところ、連日メディアが報道してくれました。

特別にお金をかけたわけではなく、最初はたった2、3枚の企画書を持って新聞社に売り込んだだけです。それでも、当時、非常に大きなブームを起こせたのですから、知恵がいかに必要なのかがわかってもらえるのではないでしょうか。

仕事の9割はマスコミとの人脈づくり

冒頭で、報道関係者にリリースは読まれていないとお伝えしました。

でも安心してください。報道関係者もまったく読んでいないわけではありません。どこの誰が送ってきたかわからないリリースは見ないけれども、知っている人から来ているリリースなら目を通しているのです。つまり、相手があなたの会社もあなたのことも知らないのなら、読まれることはない。知っていれば、読んでくれる可能性が高いということなのです。

誰もが社名を知っている大手や上場企業の広報であれば、この手の苦労はないでしょう。新商品の情報を送れば、それだけでマスコミは新作発表会に詰めかけます。

しかし、そうではないベンチャーや中小企業だったらどうしたらいいのか。さらに、大手や上場企業でもBtoB（企業間取引）の場合は、マスコミもそれほど頻繁に取り上げようとはしないでしょう。そういうケースは、地道ではあるけれど、マスコミ内に〝自分のことを知っている人〟を増やしていくしかないのです。

これからの広報の仕事の9割は、人脈づくりだと私は考えています。人脈がなければリリースをつくっても取り上げてもらえませんし、取材にも来てもらえません。

だから、会社にこもってリリースをつくっているぐらいなら、外に出て一人でも多くのメディアの人に会い、ネットワークをつくるべきなのです。

イベントなどにお金をかける企業もありますが、それができないなら普通の記者発表会で十分です。会場も外で借りずに、自社の会議室で開くなど、お金をかけずにPRする方法はいくらでもあります。しかし、それだと地味すぎて、メディアの人に来てもらえないと思うかもしれません。

そこでものを言うのが、やはりメディアの人脈。そしてメディアの人を引きつけるストーリーづくりです。日ごろからメディアの人と密に関係を築いておけば、足を運んでもらえる確率は高くなります。ただし、親しくなったとしても、単に「新しい商品を紹介するから来てください」と売り込むだけでは、「参考にします」で終わってしまうでしょう。毎日大量に届くニュースリリースの中に埋もれてしまいます。そのために、ストーリーづくりも入念にしておかなければなりません。

・なぜ今、その商品やサービスが必要なのか。
・なぜ他社でなく自社でしかできないのか。

・ほかにも同じ切り口や、同じ問題を解決する商品やサービスはないか。
・社内外のどんな人に取材ができるのか。
・それがどのように生活者の価値観や世の中を変えるのか。

こういったポイントを事前にしっかりと伝えて、メディアの人に「おもしろそうだな」とワクワク感を抱かせておく。すると、記事を書こう、あるいは放映しようという次のステップに結びつくのです。

さらに言うなら、その会見の先にメディアが後日現場のお店などに取材に来るということを想定して、取材したくなるような切り口も用意しておきます。メディア側の立場に立って考えるのです。

こうして知恵を絞れば、お金をかけてイベントをしなくても、メディアに取り上げてもらえるのです。そして、多くのメディアで紹介されれば、話題になるまで時間はかかりません。

読まれないリリースを読まずにいられなくする方法

マスコミの人脈でリリースを読んでもらう方法のほかに、もう一つ、とっておきの魔法のような方法があります。私はその方法で、何度もマスコミに自社のサービスを紹介してもらいました。が、これはまだまだ完成された必勝法ではないと思っているので、今まで一度も人前で話したことはないのです。

それを本書では、みなさんだけに特別にお教えします。

ここまで読まれて、どう感じましたか？　その方法を知りたいと思ったのではないでしょうか。

実は、これがその方法なのです。

ポイントは二つ。まだ完成されていないということと、まだ誰にも話していないという点です。よく、いろいろな企業の広報担当者から「どんなリリースだったら読んでもらえるんですか？」と聞かれます。そんなとき、私は必ずこう答えます。「マスコミが一番魅力を感じるのは〝未完成のリリース〟ですよ」と。

まだ完成していないリリースとは、つまり、未発表ネタということです。それがマスコミにとって、一番価値があります。

だから私はときどき、本当は完成しているのにあえて虫食い状態にしておいて、

「これはまだどこにも話していないし、リリースもでき上がっていないんですけれど、▲▲さん（記者）だけに特別にお見せしますね」

と、〝あなただけよ作戦〟で特別感を創出し、記者の心（独占欲・先取り欲）を刺激しています。

記者との懇親会に参加予定だった広報担当者が、「どうしても今日中に仕上げないといけないリリースがあるので、行けなくなってしまいました」とキャンセルしてくることがありますが、もったいない話だと思います。

その書きかけのリリースを鞄に入れて飲み会に参加すればいいのです。

そこで、「まだ書きかけなんですけど、どうしてもあなたには真っ先に見てもらいたくて持ってきちゃいました」と渡せば、どんなネタであろうと記者の心は必ず動きます。

実は、この効果は心理学的にも認められているようです。「ツァイガルニック効果」と呼ばれ、既に完成したものよりも、未完成のものに対して強く記憶が残るのだそうです。

完全なリリースを渡すのは当たり前。あえて不完全なものを渡すことで、「続きはどうなるの？」と強烈に記憶にとどめてもらえます。知っている人がほかにいないとニュースになりやすいのです。

リリースの本来の目的は、記事にしてもらうこと。どんな丁寧に書かれたリリースよりも、未完成のリリースにこそ、マスコミは価値を感じます。誰でも持っている未完成のリリースこそ、実は、最強の武器なのです。

ただし、毎回毎回この作戦を使っていると、「あの会社はいつも書きかけのリリースばかりで、完成したものを見たことがない」と言われてしまうので、ほどほどにしたほうがいいでしょう。

ニュースリリースに4コマ漫画をつけてみた

ニュースリリースはマスコミとの人脈があれば、読んでもらえる確率が格段に上がります。けれども、すべての媒体を網羅してつながりを持つことは難しいのも事実です。新しい雑誌やテレビ番組が次々と誕生し、そのつど担当者も変わります。

やはり、リリースを送るところから始まる関係もあります。その関係をつくるためにも、目に留まるようなリリースを考えなくてはなりません。

私は以前、ニュースリリースに4コマ漫画を載せていたことがあります。前述したように、記者のもとには毎日多くのリリースが届いているのですが、そのほとんどは読まれずに、あるいは一目見ただけで捨てられてしまう運命にあります。

しかし、4コマ漫画が載っていると、「ん、なんだろう?」と目を留めてくれるのではないか。そんな考えから、4コマ漫画リリースは生まれました。

4コマ漫画リリースは、サービスに関する説明文と画像などを載せている点は、通常のリリースと変わりません。その内容をもとに、漫画家の花くまゆうさく先生がクスッと笑えるようなストーリーを考えてくださったのです。

ちなみに、第1弾は社員が4コマ漫画を描いています。漫画やイラストを描くのが得意だと聞いて、4コマ漫画を描いてもらうよう打診しました。この4コマはオールカラーなので目を引きます。そこで「目に留まる」という第一関門を突破できるのです。

実際、初めて出した2011年6月の「食のスーパークールビズ」では、「Nスタ」(TBS)のスタッフの方がたまたまファクスで届いたこのリリースに目を留め、最終的には取材につながり、ぐるなび担当者への密着という長尺の露出につながりました。

さらに、取材には至りませんでしたが、わざわざ記者の方から連絡があり、「ぐるなびさん、おもしろいこと始めましたね」と言われたことが何度かあったのです。この「ぐるなびがおもしろいことを始めた」という話題性も狙いの一つ。それ自体がPRなのです。

世の中で初めての試みなので、商標登録申請もして、4コマ漫画リリース、4コマリリースなどの言葉はすべて株式会社ぐるなびの商標となりました。

ただし、4コマ漫画リリースの効果はここまでです。

・記者の目に留まる
・あちこちで話題になる

この二つのこと以上の期待はもともとしていません。

なぜなら、リリースにはマスコミが本当に知りたがる五つの要素が含まれていないと、その先の「報道する」という行動に結びつかないからです。

それについては第3章のPRストーリーの項目で詳しくお伝えします。

リリースでは「熱」を伝える

広報のハウツー本や広報向けセミナーで、「リリースの中では開発現場の担当者の熱い思いを書いてはいけない」と教えているケースが多く見られます。「客観的事実だけを書きましょう」「5W1Hを意識しましょう」などとともに、基本事項としてよく言われています。

リリースは報道関係者だけではなく、インターネット上に掲載しているものを消費者も見るので、より宣伝色をなくそうとしているのかもしれません。開発現場は、当然自分たちがつくった商品やサービスには思い入れが強いので、いいことしか言わないでしょう。それを広報担当者が客観的に、表現を抑え込んで文章にするのです。だから多くのリリースは、商品の機能や効果などを淡々と語っています。

しかし、それでは取扱説明書と変わらないと思うのです。

私は、文章は下手でも拙くてもいいので、開発現場の熱い思いを伝えるべきだと考えています。リリースを読んで興味を持ってもらうのが本来の目的なので、淡々とした説明文では心に響かないでしょう。

ただし、熱と言っても「担当者が3日間不眠不休で完成させました!」というようなことではありません。その商品やサービスが社会的に、いかに意義があるのか。今、こういうことで困っている人たちがいて、その人たちのお役に立てるであろうこんな商品、こんなサービスを考えたのだと、強く訴えかけるという意味での熱です。

たとえば、ぐるなびが一般ユーザー向けに提供している「シェフごはん」(家庭での定番料理やおもてなし料理のコツ・ポイントをシェフが伝授する料理サイト)では、リリースで、このような書き方をしました。

「日本の料理人の調理技術は世界トップレベルで、日本の外食の質は世界的に見て最も優れていると言われています。一方で、家庭の食卓に目を向けると、核家族化の影響などにより、親から子への料理の伝承が失われつつあります。ぐるなびでは飲食店、シェフとのネットワークを生かし、プロの持つ知恵や技術をコツ・ポイントとして家庭に伝承し、料理をつくる楽しさを次世代に継承することで日本の食文化を守り育てることができると考え、本サイトを開設しました」

社会的な問題に言及しつつ、「料理をつくる楽しさを次世代に継承したい」「日本の食文化を守り育てたい」という思いをしっかりと伝えています。

これを客観的に伝えようとすると、

「《前略》ぐるなびでは飲食店、シェフとのネットワークを生かし、プロの持つ知恵や技術をコツ・ポイントとして教えるサイトを開設しました」

という感じでしょうか。あっさりしすぎていて、読む側の興味をそそらない文章になってしまいます。宣伝色が強くなろうと気にする必要はありません。その1枚でどこまで熱を伝えて読む人を引き込めるかが重要なポイントなのです。

ほかにも、私がリリースをつくる上で心がけていたことがあります。

●見出しで一工夫する

見出しでいかに読む相手を引きつけるかが勝負の分かれ目です。食のスーパークールビズ特集のときは、「スーパークールビズは衣類や家電だけじゃない！　食べて涼しい、飲んでひんやり、体の中からクールダウンして暑い夏を乗りきる！」という見出しをつけました。「だけじゃない」とあえて否定的な表現で、興味を呼び起こすのが狙いです。

●要点を三つに絞る

ぐるなびのリリースは、本文に入る前に、必ず「ここがPOINT！」と赤字で三つの要点を記すようにしていました。紙面の中央に来るようにレイアウトも工夫しています。要点を先に書くのは、そこだけで内容をわかってもらうためです。すると、リリースを隅から隅まで読まなくてもいいというメリットがあります。本文をすべて読まないと内容を把握できないようでは、多忙な報道関係者は途中で読むのをやめてしまうかもしれません。

●なるべく1枚にまとめる

リリースは1枚か2枚にまとめるのが基本です。2枚にわたる場合は、1枚目は解説文だけにして、2枚目に商品やサイトの画像などを集中させるようにします。そうやってメリハリをつけて読みやすくするのも工夫の一つです。

広報は会社の情報局

広報にとって重要な仕事の一つとも言えるのが、現場の情報をリアルタイムで集めることです。現場とは、自社が展開している店や運営している工場などだけを意味するのではなく、自分の会社がいる業界も含まれます。

たとえば学習塾であれば、自社の塾の様子だけではなく、教育業界全体の情報を仕入れておかなければなりません。学校でいま何が起き、先生や親の間でどんな要望があり、教育委員会ではこういう動きがあるといった、教育界全般の現状を知っておくべきでしょう。

そういった現場を知っておくのは広報として基本なのですが、それをしていない広報担当者が少なくないと感じています。自社の商品やサービスを知っているのは当たり前。しかし、それだけでは井の中の蛙《かわず》になってしまいます。いま現場で起きていること、業界全体のトレンド、これをしっかり語れることが、記者から信頼を得る第一歩なのです。


私はぐるなび時代、飲食店の店長さんや経営者の方々とも頻繁にコミュニケーションを取っていましたし、自社の営業担当からも情報収集していました。営業担当は毎日飲食店の関係者とやりとりしている、まさに現場の最前線にいる立場なので、情報の宝庫なのです。

あるとき、そのようなコミュニケーションを通して、当時外国人のお客さまが増えた飲食店が3店あることを知りました。その3店は料理のジャンルはまったく違いますし、店のあるエリアも、集客の仕方もまったく違います。でもたった一つだけ、共通していることがあったのです。それは「外国語が話せるスタッフは一人もいない」ということ。これを知った瞬間、「このネタ、いけるな!」と直感しました。

外国語を話せるスタッフがいるから外国人客に人気だという話なら、当たり前すぎて取り上げてもらえないでしょう。外国語を話せるスタッフがいないのに外国人客が集まるとなると、マスコミはその意外性に興味を抱くのです。そして「本当のおもてなしは言葉ではなく心でするんです」と決めのセリフ。2013年の新語・流行語大賞に「お・も・て・な・し」が選ばれ、当時流行語になっていた「おもてなし」というフレーズをさりげなくも戦略的に使いました。

結局このときはNHKが取材してくれて、各店舗で実施していた築地見学ツアー、寿司握り体験、動画によるもんじゃのつくり方レクチャーなどの取り組みと、ぐるなび大学（117ページ参照）のインバウンド（外国人客の誘致）対策セミナーを紹介してもらいました。

これも現場の情報を常に仕入れておかなければ、知らないままだったでしょう。PRできるチャンスを一つ失っていたかもしれないのです。

会社側だけではなく、顧客に起きている現象を拾うのも現場のリアルな情報になります。たとえばアパレルの広報担当者であれば、「弊社は、この春夏、こんな品ぞろえをしているんですよ。これが次に来るカラーだと思うんですよね」とマスコミに売り込むのが通常のパターンでしょう。悪くはないのですが、意外性のある話題ではありません。

それでは、こんな情報を提供したらどうでしょうか。

「数年前からお母さんと娘さんで一緒に洋服を買いに来るケースが増えているんですけれど、最近はさらに変化が起きています。今はお父さんと娘さんの組み合わせが多いんですよ。お父さんと娘さんで仲良く買い物に来て、お互いの服を選んで買っていったり、プレゼント用の服を見ていったりしているんです。よく、お父さんは娘さんに嫌われるって言われますけど、実は今の若い子はパパ大好きっ子が多くて、すごく仲がいいんです。同年代の草食男子より、激動の時代を生き続けてきた頼りがいのある父親、その存在感の大きさと自分だけに見せる優しさが、親しみを増すのではないでしょうか」

このように現場で起きていることに加え、そこから考察される自分なりの分析を伝えると、マスコミはぐっと食らいついてくるでしょう。最新ファッションの傾向より、店で起きている意外で珍しい現象とその背景について語ったほうが、よほどネタになりやすいのです。

ＰＲ会社に広報を頼んでいる企業も多いと思いますが、これはＰＲ会社の人にはできないことです。多くの場合、ＰＲ会社の人はその企業の現場に毎日足を運んで情報を集めて、それをＰＲするところまではやってくれません。これは企業の広報担当者にしかできない仕事なのです。私も以前ＰＲ会社で仕事をしていたことがあるので、よくわかるのです。

こういう話をすると、ネット企業の広報担当者からは「うちの会社は現場がないんですよ」とよく言われます。確かに、スマートフォン（スマホ）向けのアプリを開発している企業や、インターネットサービスを提供している企業は、顧客と直接やりとりする現場はないでしょう。しかし、ネット企業はネットこそ現場のはずです。ユーザーはどんなキーワードでホームページを検索しているのか。どこのページから飛んでくるケースが多いのか。トップページからどこのページに真っ先に行っているのか。それぞれのページの滞在時間はどれぐらいなのか。どんな情報を引き出して、どんなサイトに飛んでいっているのか。そういったユーザーの動きを追うことはできますし、それこそリアルな現場の動きになります。

現場の情報は待っていても、なかなか広報担当者のところには集まってきません。自ら情報を探しに行かなければならないのです。そして、集めた情報はどんどん発信していくこと。その情報こそが、広報にとっての大きな武器になるのですから。

自社の強みを知らないと広報はできない

新人の広報担当者に限らず、自社の強みを把握していない広報担当者は、意外と多いものです。

自分の会社のどこの部署でどんなことをやっているのか、どんな商品、どんなサービスがあり、それがどれだけ世の中に受け入れられているのか。そして、自分の会社が置かれている業界の現場で何が起きているのか。そういった自社や自社を取り巻く環境について、みなさんはどこまで把握しているでしょうか。

マスコミの人から、「あなた、本当に自分の会社のことをすべて理解してますか?」と聞きたくなるような広報担当者に出会うことがときどきあるという話を聞きます。

リリースを読めばわかるような通り一遍の説明しかできなかったり、ちょっと深く掘り下げて聞こうとすると、「担当者に確認します」と即答できなかったり。マスコミにとって広報担当者は企業の顔。その印象はそのまま企業のイメージにつながってしまいます。頼りない対応だと、「この企業は広報にきちんと教育をしていないのかな」と思われてしまうのです。

会社の重役や開発部門から「この新商品を宣伝してほしい」と指示を受け、それをただPRしているだけでなく、自分から会社のことを知ろうとする姿勢が大切なのです。

新商品やサービスを頻繁に発表していない企業もあるでしょう。大企業は毎シーズン新製品を開発できても、ベンチャーや中小企業は数年に一度というケースも珍しくありません。

その間、ＰＲできることは何もないのでしょうか？　そんなことはありません。探せばいくらでもネタはあるはずです。

いまでは、生産者の顔が見えることを前面に出した野菜は一般的になりました。ＰＲするときは、味や形などの情報は不可欠です。これに加えて、どんな人がどのような環境で、どんな苦労をして育てているのかという背景があると、ヒットにつながります。同様にどの企業でもそこに勤めている人や会社の環境などがＰＲの材料になるのです。

特に経営者は格好のＰＲコンテンツです。創業者はもちろんのこと、サラリーマン社長であっても、会社のトップに上り詰めたひとかどの人物ですから、そこにはメディア受けするストーリーが必ずあるはずです。

社員にもユニークな人はいるでしょう。ナンバーワン営業マンや、いつもおもしろいアイデアを生み出す企画担当者などもＰＲネタになります。

会社で取り組んでいるちょっと変わったことも、ＰＲの材料です。物珍しい社員食堂や斬新なオフィス、人事制度や社内ルールなどがあると、かなりの確率で取り上げてもらえます。社長の習慣でもいいかもしれません。

たとえば、イエローハットの創業者・鍵山秀三郎《かぎやまひでさぶろう》さんは自社に始まり世界中に出かけていって掃除をし、生き方の基本を説いて社会還元をしていることで注目を集めました。

ぐるなびの創業者である滝久雄《たきひさお》会長は「ウォーキングミーティング」という取り組みをしています。幹部やプロジェクトリーダーなどの社員から一人選び、皇居をぐるりと一周歩きながら、基本一対一でミーティングをするのです。二人だけの世界になるので、社内ではなかなか話せないデリケートな話もできるし、歩いていると脳が活性化され、アイデアも出やすいのです。このウォーキングミーティングの取材を受けたことは何度もありました。ぐるなびの業務とは直接関係しませんが、企業のPRにしっかり役立ちました。

そうやって探せば、会社にPRできる材料は山ほどあるはず。自社の強みを掘り起こし、マスコミが関心を示すようなネタを考えて提供するのが、広報の仕事なのです。

広報担当者の立ち位置はマスコミ側に6割、会社側に4割の比重がいいと言われています。中にはマスコミ側に7割と言う人もいます。

しかし、それは違います。

広報は会社側に体重を傾けていないとダメです。自社のことや自社の商品・サービスを、情熱を持って熱く真剣に語れない広報はマスコミから信頼されません。会社のことを知り尽くし、サービスを知り尽くし、そして開発者の思いや情熱を代弁してこその広報なのです。

世の中のブームをつくれる仕事

そもそも広報の仕事の魅力は何か。

私は「世の中のブームをつくれるところ」だと思います。自社のニュースをただ「告知」するだけが仕事ではありません。自分が発信した情報により、世の中のブームやトレンドを生み出す力がある仕事なのです。

前述した訳ありグルメも、PRしようと思い立たなかったら埋もれた企画のままだったでしょう。自社の商品やサービスから、ヒットしそうなネタを見つけるのも広報の役割です。

ぐるなびは飲食店情報を検索できるウェブサイト「ぐるなび」のほかにも数多くのサービスを展開しています。それらすべてのサイトの広報を、私がいた広報グループで手掛けていますので、私はいろいろな部署の企画会議や共有会議に積極的に参加して、「この部署ではこんな新しいサービスが始まる」という情報を聞き漏らさないようにしていました。

新しいサービスのすべてをリリースするわけにはいかないので、どれを重点的にマスコミに売り込むのかは広報が決めます。つまり、重点的に売り込まなかった企画はあまり話題にならずに終わってしまうこともありますし、集中してPRしたことでブームにつながる企画もあるということです。

たとえば開発者側はまったく新しいとは思っていないし、他社で既にやっている二番煎じのような企画であっても、私から見ると「切り口を変えたらおもしろいかもしれない」「ほかの企画と抱き合わせたらPRできるんじゃないか」というような場合もあります。逆に、開発者から「これをガンガン売り込んでほしい」と要望があっても、「今はそのタイミングではないな」と判断したら、時期をずらして対策を練るようにしていました。

そういった取捨選択は広報がするべきなのです。今の世の中でニュースになるのか、難しいのかという判断は、普段マスコミと密に接している広報のほうが的確でしょう。

もちろん、マスコミが世の中のブームをつくり出す役割であることも間違いありません。ただし、テレビや新聞、雑誌などで取り上げる材料を提供するのは、多くの場合、企業の広報です。

マスコミに取り上げてもらうために、その商品やサービスがなぜ今必要なのかと時流に乗ったネタにして広報が提案する。それが採用されて記事になったり、テレビで紹介されて世の中のブームになっていくのです。

今は、テレビCMをガンガン打ってもブームをつくり出せるとは限りません。テレビを見る人は減っていますし、録画しておいた番組はCMを飛ばして見るでしょう。

しかも、最近は内容がおもしろくても、どこの企業のCMなのかわからないような、広告色を消したCMも増えています。CMをそのまま鵜呑みにして買いに走る消費者は減ってきているでしょう。CMを見て「欲しい」と思っても、まずは比較サイトやウェブの口コミなどで調べてから決めるというステップも加わります。

スーパーの販売促進支援をしている「アットテーブル」という企業が全国の主婦1万人に行った調査によると、買い物に行く前にメニューを決めているという主婦の割合は全体で6割、20〜30代では7割にのぼるのだそうです。一昔前は、スーパーで食材を見ながらメニューを決める主婦が多かったのですが、今は計画的に買う人が増えているということです。だから企業も衝動買いの層を狙うのではなく、計画的に買う層向けの宣伝を考えるようになったのです。そのためにも「これはCMではありませんよ」と宣伝色を弱めているのですが、その方法で企業のPRにどこまで効果があるのかは疑問です。

大企業でないとテレビCMはなかなか打てません。それ以外の企業では広報、パブリシティーの力がないと世の中のブームはつくれないでしょう。

やはり、これからの時代はますます広報がブームをつくる役割を担っていくことになるのではないかと私は考えています。

これからは「創る広報」の時代

攻めの広報、守りの広報という言葉をよく聞きます。

パブリシティーを獲得するためのPR活動が攻めの広報、企業が不祥事や事故を起こしたときなどの危機管理の対応及びその予防が守りの広報です。これまでの広報は、この二つを両輪にして走っていましたが、これからは「創る広報」が極めて重要になってくるのだと私は思います。

たとえば、ぐるなびでは毎年トレンド鍋を発表しています。このトレンド鍋は、私たちで考えていました。「ん？　考える？」と思った方もいるかもしれません。この企画は実際にブームになっている鍋を紹介するのではなく、その年に流行らせたい鍋を私が考えていたのです。もともとある鍋を探して「これはいける」と思ったものをトレンド鍋にしたこともありますし、どこにもなかった鍋を考案して、お店に開発してもらったケースもありました。

2013年のトレンド鍋は、「プチ贅沢鍋」。これはアベノミクス効果で景気が上向いてきたので、消費者はちょっと贅沢な外食をするようになり、飲食店も高級食材を使ったメニューを増やすようになってきたから、そして、翌年4月からの消費増税を見込んだ駆け込み贅沢という要素もあるという理由付けにしました。具体的には「高級肉鍋」「伊勢海老鍋」「フォアグラ鍋」、そしてNHKの連続ドラマ「あまちゃん」効果の「ウニ鍋」の4点です。

高級肉鍋の高級肉を使ったしゃぶしゃぶやすき焼きは、誰でもイメージできるでしょう。伊勢海老鍋やウニ鍋ももともとあります。しかし、フォアグラ鍋はありません。これは私が考えた鍋なのです。この鍋はフォアグラを使った洋風鍋で、鶏がらだしとクリームを合わせた白いスープに、ブロッコリーやミニトマトなど、洋風の野菜を入れて、照り焼きにしたフォアグラを上に乗せます。締めはチーズとトリュフを加えてリゾットにするという、贅沢なコースです。

存在しない鍋を、どうやってブームにするのか。

私は懇意にしている飲食店の広報担当者に、「これは、きっと今年流行らせることができるからつくってほしい」とお願いしたのです。

狙いどおり、フォアグラ鍋にマスコミは関心を示し、そのお店はテレビや雑誌、ネットなどで紹介されました。お店側にも喜んでいただき、ぐるなびにとってもお店にとってもマスコミにとってもメリットのある、一石三鳥の企画だったのです。もちろん、実際にフォアグラ鍋を食べて大満足した消費者にとってもメリットはあったでしょう。

これが私の考える「創る広報」の代表例です。

このようにぐるなびではいくつもの企画を広報発で考え、社内にも提案してきました。

今までの広報は、でき上がっている商品やサービスを、「これは○月○日スタートだから、それに合わせてマスコミに発表して」と言われてPRするのが一般的でした。これからは、広報が時流に合った商品やサービス、あるいはメディア受けしそうな企画を考えて、社内でもどんどん提案していくべきでしょう。

広報は、とてもクリエイティブな仕事なのです。

第 2 章

メディアとは しなやかで、したたかな お付き合いを

メディアに取り上げてもらったことへの
感謝の気持ちは、何より大切です。
でも、対等にお付き合いするという気持ちは忘れないでください。
売り込みも駆け引きです。
本章では、メディアとの交渉術をお話しします。

マスコミにはお願いしない

「広報」と聞くと、マスコミと直接やりとりする部署なので、華やかな仕事のイメージを持つ人もいるかもしれません。しかし、実際は地道な仕事の積み重ねが求められる仕事なのです。

新商品やサービスを発表するとき、会社としてはメディアに呼びかけて、広く報道してもらいたいと考えます。そこで広報は一生懸命リリースを送りますが、「ぜひ取材をさせてください」とメディアから次々と連絡が入るということは、まずありません。よほどの大企業でもない限り、それほど注目されることはないでしょう。

そこで、メディアに直接売り込むために電話をかけたり、報道関係者にメールを送りますが、軽くあしらわれ、めったによい返事は返ってきません。そして、社内からは商品が売れないと「広報のPRの仕方が悪い」などと責められたりもします。

広報は仕事をなかなか評価してもらえない部署でもあるのです。

広報は「報道してもらってナンボ」という立場にあります。「マスコミにお願いしても、邪険に扱われる」と嘆く広報担当者も、大勢いるでしょう。だからといって、こびへつらって「ぜひ、○○新聞さんで取り上げてください。お願いしますよ〜」と頼み込む必要はないと私は考えています。

報道関係者は、絶えず報道するための情報を探しています。こちらがいい企画を持ちかければ、情報を探す手間が省けるというメリットもあるのです。その情報をもとに記事を書いたり、番組用に撮影して評判になれば、彼らにとってもうれしいことです。

それゆえ、対等の立場だと考えて売り込んでいいのです。横柄な態度をとるのは論外ですが、ペコペコ頭を下げてお願いする必要はありません。相手が対等に接してくれない場合は、対等になるように仕向ければいいのです。

そのために私が実践している方法をご紹介します。

広報は心理戦

私は、広報は営業に近い仕事だと思っています。営業担当者が自社の商品やサービスを取引先に売り込むのと同様に、広報はマスコミに対して、自社の商品やサービス、そして会社そのものをネタとした「ニュース」を売り込んでいくのです。

ですから広報担当者は、報道関係者の心理を考え、「そのニュース、うちで取り上げたい」という気持ちになるような売り込み方をしなければなりません。

報道関係者の心理を読んだ売り込み方を実践するには、一般的な広報の基本を説いた指南書を頼りにしていてもうまくいかないでしょう。リリースや記者会見のフォーマットなど、ニュースを売り込むための形式は説明してあっても、より現場に即した重要なノウハウが足りていないものが多いのです。

それは、相手の心理を見抜き、心を動かすための方法論です。私も、最初から相手の心理を見抜けたわけではありませんし、心理学を専門に習った経験もありません。日々の報道関係者とのやりとりや駆け引きの中で、自分なりに考え、身につけてきました。そのノウハウを営業担当者に話すと、「あ、それ営業がよく使う手法だよ」と言われることがしばしばあります。私のように、営業のノウハウを広報という立場で活用することは、ほとんど考えられていないようです。

それでは、ここでそのいくつかをご紹介しましょう。

資料を渡さない

これはテレビ局のディレクターや記者に売り込むときに、私がよく使う手法です。

普通はまずリリースなどの資料を渡し、それを見てもらいながら説明しているでしょう。しかし、私の場合は資料を用意していても、話の前に相手に渡しません。渡すとしても、話がすべて終わってから、念押しと確認の意味で渡します。

それはなぜか。

相手にこちらを向かせて、映像をイメージさせるためです。手元に資料がなければ、ディレクターや記者は私の目を見て話を聞いてくれ、時折、上のほうに視線をやって考えるようなしぐさをします。これは、自分の担当する番組やコーナーで、今こちらが売り込んでいる情報を取り上げたら、どのような映像になるのかを具体的にイメージしているのです。そういう映像が思い浮かばないと取材しようという気持ちにはなってくれません。したがって、映像をイメージさせるように話さなければならないのです。

資料を読みながら話を聞くのは難しいでしょう。資料に目を落として話を聞いていると、その内容は把握してくれますが、そこから先に思考が進まなくなってしまいます。人間は下を向いた姿勢でいると、想像力が乏しくなる傾向があるようです。

だから相手がテレビ関係の人であれば資料を渡さずに、互いに目を見ながら話し合うようにしています。

電話の売り込みにも駆け引きがある

広報の仕事は、リリースなどを通じて、正確な情報を発信しさえすればいいというものではありません。発信した情報がメディアで取り上げられ、それが自社の活動に貢献して、初めて結果を出したと言えるのだと私は考えています。

そのためには、どうやったらニュースとして取り上げてくれるのか、相手の心を動かせるような的確なアプローチが重要になります。広報は、常に心理戦なのです。

広報にとって避けて通れないのが、電話での売り込みです。知っている相手ならまだいいのですが、まったく知らない報道関係者にいきなり電話して取り上げてほしいネタを売り込んでも、やはりなかなかうまくいかないのが現実です。ほとんどの場合、「いまちょっと忙しいんで」とか「リリースを送っておいてもらえれば後で見るから」と迷惑がられます。相手に話を聞いてもらえない原因は、こちらの立場が弱い状態で売り込みをしてしまうからです。

売り込みをするのは広報側で、聞くか聞かないかの判断をするのは報道関係者。その立場は永遠に変えられないのではないかと思う人もいるかもしれません。

しかし、本当は変えられるのです。それもたった1分で。それにはまず、電話の向こう側にいる報道関係者がどんな記事を書いた人なのか、知っておく必要があります。売り込む相手をリサーチしておくのです。

最近は署名記事も多いので、興味を持った記事があれば、それを書いた記者を調べることができます。新聞・雑誌記事のデータベースサービスの日経テレコンやグーグルで検索し、その記者が書いた過去の記事に目を通すこともできるので、必ずこの下準備をしてから電話をかけます。

このとき、こう話を切り出すのです。

「★★社の●●と申します。米国で人気の高級食材を使ったハンバーガー店を日本に誘致し、今度東京で1号店を出店します。その詳細と、現在の日本におけるハンバーガーチェーン業界の最新動向、そして弊社の参入の目的・狙いなどについてお話しできたらと思いご連絡差し上げました。

これについて、▲▲さん（記者）が、○月○日の記事の中で外食産業に関する大変興味深い記事を書かれていたので、ぜひこのお話は▲▲さんにお伝えしたいと思いました。あの記事では、お客さんからの視点とお店側の視点、両方の立場から見たメリットとデメリットがわかりやすく説明されていて、とても頭の中が整理されてすっきりしました。

実はあの記事の中に出ていた牛丼店に私も早速昨日行ってきたんですよ！　昨日は▲▲さんが書かれていたとおり、男性の一人客に加え、女性の〝おひとりさま〟客も結構来ていました。お店の狙いどおりです。

でも、意外なことに年配のご夫婦も3組いたんですよね。あの牛丼、見た目はボリュームがあるけれど使っている素材にこだわっているし、その点をCMでもアピールしているので、年配の方が食べてもいいんだというイメージが強く残るんでしょうね」

ここまででだいたい1分間です。1分間でそんなに話せないと思うかもしれませんが、実際にやってみるとかなりたっぷり話せます。ぜひ試してみてください。

こういう前振りをしてから、

「実は、今回ご紹介させていただきたい米国から来るハンバーガー店というのが、そういった年配者をメインターゲットとしたもので……」

と売り込みの本題に入ります。これを読み、「何の面識もない人を相手に、いきなりこんな失礼な発言をしても大丈夫なの？　相手は怒らないの？」と戸惑う声が聞こえてきそうです。怒るどころか、これが相手と対等になるための仕掛けなのです。

この売り込み方には、いくつものポイントがあります。

1「▲▲さん（記者）が、○月○日の記事の中で外食産業に関する大変興味深い記事を書かれていたので、ぜひこのお話は▲▲さんにお伝えしたいと思いました」

まず、ここで「この記事を書かれたあなただから、私は電話したんです」という意図を伝えます。私はあなたの書いた記事をちゃんと読んでいますよ。あなたの読者ですよ、ということを冒頭でしっかりアピールするのです。記者にとって読者はお客さんですから、むげに扱ったりしないはずです。

その記事に対する感想を述べ、自社の取り組みや、いまPRしたいネタとの関連性を説明します。

でも、これだけなら多くの広報担当者がやっていることでしょう。残念ながら、これではまだ立場を対等に持っていくところまではいきません。

2「実はあの記事の中に出ていた牛丼店に私も昨日早速行ってきたんですよ！」

記事を読んだだけではなく、記事で紹介した店に実際に足を運んでみた、というのも強烈なアピールの一つです。一読者の域を出て、ワンランク上の読者だと思わせるには、「私はあなたの記事に影響を受け、行動を起こしました」とアピールするのが大事なのです。

記者は自分の記事に読者が影響されて何らかの行動を取ったと知れば、必ずうれしく感じます。仕事にやりがいを感じる瞬間でもあるでしょう。

3「でも、意外なことに年配のご夫婦も3組いたんですよね」

相手を喜ばせておきながら、いきなり水を差すような発言です。

相手の感情が高ぶった状態のときに、「でもね、あなたはこんなところを見落としていましたよ」と、取材をしたその記者でさえ気付かなかった点（現場での現象）をそっと指摘すると、完全にワンランク上の読者と見てくれます。この瞬間に立場は対等になるのです。

そこから本題（ネタの売り込み）に入れば、真剣にこちらの話に耳を傾けてくれるでしょう。

私はいつもこのやり方で電話をかけています。

出だしは「また売り込みか」とばかりに面倒くさそうに「はあ」「はい」と対応していた相手が、だんだん身を乗り出すような雰囲気になり、最後には「あなたは一体何者なんだ?」というように完全にこちらに興味を示す姿勢に変わっていきます。

ただし、高飛車な印象を与えない話し方を心がけなくてはなりません。

「教えてあげるよ」という態度になると、相手のプライドを傷つけてしまいます。あくまでも、一読者として、「そういえばこんなことがありました」と報告するように伝えるのです。

電話での売り込みでも、確実に成果を出すためのやり方があるのをわかっているのといないのとでは、おのずと結果が違ってきます。時間を無駄にしないためにも、ぜひ実践してほしいと思います。

必ず返信をもらえるメール術

電話だけでなく、メールで記者に情報提供したり、取材誘致や記事化を狙って売り込むこともよくあります。これも多くの人が「メールを送っても返信がない」と嘆いていますが、メールも返信をもらえる送り方、書き方があるのです。

アドレスを知っているということは、一度は会って名刺交換をしているのでしょうから、少々大胆な方法を取ってもいいと私は考えています。

私の場合は、飲み会のお誘いをしています。それも候補日まで指定して。


先日の情報セキュリティーに関する▼▼さんの記事を拝読いたしました。

ぜひ一度、情報セキュリティー専門会社の広報や、弊社のようにこの問題に本気で取り組み始めた企業の広報担当者を集め、▼▼さんを囲む飲み会を開かせていただけないでしょうか。

広報のみなさん、いろいろと伺いたいことがあるようで、全員の都合を聞いてみたところ、○月○日と○日の両日であれば、6社6名が来られるとのことです。

厚かましいお願いごととは存じますが、今週中にどちらの日程であればご都合がよろしいかお教えいただけないでしょうか。スケジュールを空けておきますので、ご検討のほど、よろしくお願いいたします。

「一度情報交換をさせていただけないでしょうか」とお願いするところから入るのではなく、飲み会を開くことを決めてしまってメールを送るのです。日程や人数まで決めているので、メールを受け取った側は驚くでしょう。

こういったお誘いを本題に入る前に書いておくと、少なくとも返事だけは必ずもらえます。取材されるかどうかは本題で伝えたネタの内容次第ですが、無視はされずに済むのです。

やはり、自分のために何人かが動いているとなれば何らかの返答はしないわけにはいきません。そういった心理を狙った、必ず返信をもらうためのノウハウなのです。

ここで返信が来てつながりができれば、徐々に太いパイプにしていける可能性が出てくるので、すぐにその飲み会が実現しなくてもチャンスは広がっていきます。

ほかにも、メールの書き方で、いくつか気をつけたいポイントがあります。

1 件名には、会社名と案件内容を書く

これは「基本のキ」です。忙しい記者はいちいちすべてのメールを開いて読んでくれるとは限りません。件名だけ見て、興味を持てば開くでしょう。件名に「リリースを送ります」としか書いていなかったら、素通りされてしまうのがオチです。「●●社広報の××です」

というタイトルでも、「また売り込みか」と敬遠されてしまうでしょう。

たとえば、

「【●●社より】業界初の◇◇素材を使ったTシャツ、9月1日に発売」と、件名だけでだいたい何を伝えたいのかがわかるようにする。それも、「業界初」といった目を引くキーワードを入れるのがポイントです。

ほかに、

「【●●社より】なぜ日本のティッシュペーパーは世界一安いのか?」

という具合に、あえて疑問形にするなど、読ませ方は工夫できます。

2 伝えたい内容はメール本文にすべて書く

テキストは簡潔にまとめ、「詳しくは添付したリリースをご覧ください」と書く人がいますが、残念ながら添付ファイルを開いてくれない確率は高いのです。

スマートフォン(スマホ)でメールをチェックしている報道関係者も多く、添付ファイルがうまく開けない場合もあるので、それだけで見てもらえる機会を喪失してしまうのです。

したがって、テキストで伝えたい内容をすべて書くべきです。もちろん、長文だと途中で読むのをやめてしまう可能性が大きいので、できるだけ簡潔に、かつ関心を引くことを心がけます。

③ メール本文はストーリーをつくる

添付してあるリリースと同じ内容をテキストにコピペ（コピー&ペースト）して送るのでは、能がないでしょう。どういう背景でこの商品（サービス）が生まれたのか、今なぜその商品（サービス）なのか、今後どうなるのか、などのストーリーをメール本文に書いて訴求すると、より効果的です。そのストーリーのつくり方は次章で解説します。

現場の人と親しくならないと意味がない

私は、記者やディレクターといった現場の人たちこそが、広報にとって本当に必要で有効な人脈だと思っています。なぜなら、実際に取材をしてくれるのも、記事や番組をつくってくれるのも、すべて現場の記者やディレクターだからです。

編集長やデスク、プロデューサーといった立場の方々にニュースを売り込めば、現場の記者に記事を書くように指示を出し、番組や紙面に取り上げてもらえると思っている広報担当者もいるかもしれません。しかし実際にそういうことはほとんどないと思ってください。肩書のある管理職の方々のほとんどが、現場の人たちに企画や記事を任せているので、自分で情報を拾って企画にするのは、よほどのことでもない限りしないでしょう。

広報関連の講演やセミナーに参加して、講師として招かれているテレビ局のプロデューサーや新聞社の部長、雑誌の編集長と、積極的に名刺交換をしている方も多いのではないでしょうか。確かにそういった方々との人脈も、ある程度は必要です。たとえば、取材を受けたときに間違った情報を伝えてしまったり、こちらの不手際で編集部に迷惑をかけてしまった際は、そのような人脈が役立つかもしれません。

しかし、そのようなトラブルはしょっちゅうあるわけではありませんし、全社的な不祥事や損害賠償というような話になれば、もはやその人脈で解決できるレベルではなくなってしまいます。せっかくの人脈も、実はそれほど活用する機会はないでしょう。

記者やディレクターとは、講演やセミナーでは知り合えません。彼らはさまざまな現場を回っていますので、そのような場に出席する時間はないのです。彼らと親しくなるには、自分から積極的にアプローチしていくしかありません。ほかの広報があまり接触していないので、まだ踏まれていない新雪のように開拓しやすい相手でもあります。

ここでのポイントは「知り合う」ではなく、「親しくなる」という点です。リリースを送って、電話で売り込む程度は単なる知り合い。この程度のことは、いままで誰もがやってきたでしょう。時には一緒に飲みに行ったり、仕事以外のことも何でも話せるようになるぐらいのレベルになって、初めて「親しい」と言えるのです。

それでは、私が実践してきた、媒体別の現場の人たちへのアプローチ方法と、付き合い方のポイントをご紹介します。これは親しくなる前の段階、つまり、知り合うきっかけになる方法です。

●新聞記者にアプローチする場合

前述したとおり、記事の署名を確認して、その記者宛てに電話などで連絡します。その新聞社の過去の記事から、自分が売り込みたいニュースと類似した記事を検索し、署名を調べておくのです。

もし記事に署名がなく、担当記者がわからない場合は、「○○というコーナーの担当の方とお話ししたいのですが……」という具合に、できるだけアプローチしたい記者が特定されるような問い合わせ方をすると、直接会える可能性が高くなります。

また、どうしても経済部や生活部の記者との人脈づくりばかりに目を向けがちですが、社会部の記者との人脈も大切です。広報の立場からすると、社会部の記者は「会社が不祥事を起こしたときに、謝罪会見で厳しく追及してくる怖い人たち」というイメージがあるかもしれません。

以前、私が主催した勉強会で、毎日新聞の社会部に所属する記者の方に講師として講演していただいたことがあります。その方のあいさつの第一声が、「みなさんは、できれば私なんかとは会いたくもないと思っているでしょうね」でした。

しかし実は、社会部は有望なニュースの売り込み先なのです。社会部は、事件や事故だけでなく、オールジャンルのネタを取り扱っています。「街ネタ」と言われる身近な情報も発信していますし、社会面のコラムではユニークな活動をしている企業や人物などを取り上げています。それ以外にも首都圏版は社会部の担当だったりと、意外と広報が売り込みたいニュースと関係あるコーナーを担当しているのです。

幅広いジャンルを扱っている記者たちは、実際にお話しすると、とても物腰が柔らかく、きちんと話を聞いてくださる方ばかりです。事件や事故だけでなく、街ネタでお年寄りから子どもにまで取材をしているので、誰からでも話を聞き出せる人でなければ、社会部の記者は務まらないのでしょう。

雑誌記者と知り合う方法

新聞記者と同様に、記事の署名や扱ってほしいコーナー名を頼りに、現場の記者にアプローチしていきます。

ただ新聞と違う点は、新聞は広告と編集の部署が明確に分かれているのに対し、雑誌は編集長が広告と編集の両方にタッチしているのが一般的です。また、新聞は記事に広告色を出すことはおろか、読者にそれと疑われるような内容や紙面構成も避けるようにつくられています。一方、雑誌はタイアップ記事があり、ある程度記事と広告を絡めることもできます。

ですので、どうしても出したいニュースがあるときは、「このニュースで記事を書いていただけるのなら、その後はペイドパブ（メディアにお金を払って記事にしてもらうこと）で、こういう展開を見開きで考えています」といった話を持ちかけるのも手かもしれません。

●個人のライターと知り合う方法

雑誌やウェブ媒体には、その媒体社に所属している編集者や記者のほかに、記事を書いているフリーランスの記者やライターがいます。彼らは多くの場合、得意分野を持っていますし、編集部への企画の売り込みにも長けています。

個人のライターとは雑誌やウェブの取材を通して知り合うのが一般的です。その後、リリースやサンプルをその分野に強いライターに送り、つながりを持っておくとその次に発展しやすくなります。

雑誌の編集者はバタバタしているので、ファクスやメールでリリースを送っても、見てくれる可能性はほとんどありません。このようなときは、ライターに送ることで確実にニュースを拾い上げてもらえるのです。ライターから編集部に企画を提出してもらうと、採用される確率は高くなるでしょう。

●テレビのディレクターに企画を持ち込む

テレビ番組は、新聞や雑誌の記事のように、署名で現場の担当者を確認することはできません。ですので、扱ってほしい番組の特集やコーナーを探し、そのテレビ局に電話などで連絡することになります。そこから各コーナーのディレクターなどに電話をつないでもらえるでしょう。またテレビ番組の場合、ディレクターのほかに、リサーチャーや放送作家にアプローチすることでも、自社のニュースを取り上げてもらえます。

リサーチャーとは、番組で扱うネタや取材先の調査を専門に担当している人たちのことです。たとえば、飲食店で通常のサイズよりもボリュームのある「メガ盛り」のメニューがブームになってきたので番組で特集をしようとディレクターが考えたとします。するとリサーチャーに「メガ盛りをやっているお店を、都内で5軒探して」という具合に、番組制作に必要な情報収集を依頼するのです。

リサーチャーの調査はかなり詳細です。メガ盛りをやっているお店の概要だけでなく、メニューや実際の料理の様子、さらには「店長のキャラクターが、お客さまに人気」など、テレビの映像としておもしろそうなネタも、調査結果にまとめられます。その調査結果を見て、実際に取材を申し込む先や特集の内容が決められていくわけです。ですから、彼らに情報提供し、リサーチ結果に入れてもらえれば、番組で取り上げられる可能性が高くなります。

また放送作家は、バラバラのネタやニュースを番組として成立させるためにストーリーをつくっていく人たちです。情報番組やバラエティー番組担当の放送作家もいます。彼らが考えた企画が、企画会議や編成会議に提案され、番組となっていくのです。

放送作家に情報提供すれば、その番組に合わせたストーリーを考え、企画として提案してもらい、番組で取り上げられる可能性が高まります。

リサーチャーや放送作家は、番組制作の裏方中の裏方とも言える人たちですので、テレビ局に電話をしても、簡単にコンタクトできないでしょう。彼らと知り合うには、まずはプロデューサーやディレクター、他社の広報から、誰か一人でもいいので紹介してもらうところから始めるしかありません。

彼らは同業者のネットワークやグループがあり、一人と知り合えれば、ほかの同業者とも知り合えたり、情報提供をすることができます。きっかけをつかむのが難しいですが、一度つかめれば貴重な人脈になります。

現場で働く人たちは、いつも時間に追われ、取材などで飛び回っています。積極的に現場の人たちへアプローチすることは大切ですが、何のニュースも持たず「ちょっとごあいさつを……」というようなアプローチでは会ってもらえませんし、迷惑がられるだけです。事前の準備とタイミングを見計らって連絡することを忘れないようにしましょう。

ゼロ回答をしない

さて、報道関係者との人脈をつくるには、売り込みだけがすべてではありません。マスコミから取材依頼があったときの対応も、大事なポイントです。

「今日、富士山の世界文化遺産への登録決定が発表されましたが、それに合わせて、御社では何か取り組みやキャンペーンなどは予定されていますか？」

このように、時折マスコミから自社が展開中の商品やサービスとは関係のない問い合わせが舞い込むこともあります。みなさんは、そういう場合、どう対応していますか？

一般的に、このような問い合わせが来た場合は、その場で「弊社ではそういう予定はありません」と即答するか、「そういう企画を検討中かもしれないので、担当者に聞いてみます」といったんは引き受けるでしょう。それで見つからなければ、「探してみましたが、弊社ではやっていませんでした。申し訳ありません、またの機会にお願いします」と答えるのが通常のやりとりです。少なくとも、「一生懸命探した」という姿勢を示すことで誠意を伝え、次の仕事につなげたいという思惑もあるのでしょう。

しかしこのような対応で、同じ記者からその後も問い合わせてもらえるかどうかは微妙です。同じように他社からも断られていたら、「その他大勢」の企業の一つになり、印象に残らないでしょう。

報道関係者からアプローチがあった場合は、絶好のチャンスです。だから、私は「弊社ではそういう予定はありません」と断ることはしないようにしていました。相手に何もネタを提供しない、〝ゼロ回答〟は絶対にしない。それが私の信条なのです。

自社ではやっていないこと・できないことに関する問い合わせの場合、私は次の二つの方法のどちらかで対応しました。

①ネタがないなら、つくってしまう
②記者の要望に応えられるような人や会社を紹介する

1 ネタがないなら、つくってしまう

これは記者から問い合わせが来たときに、実際にはリクエストに合う商品やサービスがなくても、「何かやっていると思うので、担当者に確認してみます」と答え、実際に企画を立ち上げるという方法です。

たとえば、冒頭でご紹介した富士山に関する問い合わせは、2013年6月に富士山が世界文化遺産への登録が決定したニュースが流れたとき、実際に記者からあったものです。

このとき、ぐるなびとして富士山に関連するサービスやキャンペーン、特集などはまったく実施していませんでしたし、特に予定もありませんでした。しかし、それでも私は「何かあると思いますので、ちょっと待っていてください」と答えて、電話を切りました。そして、急いで社内の関係部署を回って、富士山の世界文化遺産登録関連で何かできないかと相談したのです。

このときは、急遽ぐるなび食市場で、富士山のある山梨県と静岡県の特産品を集めた特集と、いろいろな商品を富士山の標高にならって3776円均一の特別価格で提供する特集の

二つをつくってもらいました。問い合わせの電話を受けてから二つの企画が決定するまで、5時間ぐらいの早業です。その間、ぐるなび食市場の担当者たちが出店していただいている各ショップに手早く電話し、協力を取り付けてくれました。

そして、その日のうちに私は問い合わせをしてくれた記者に、「実は、明日からこんな特集を開設することになっていたんですよ。よくわかりましたねえ」と報告しました。もちろん、翌日、そのニュースが紙面を飾ったのは言うまでもありません。

報道関係者から、「こういったテーマで、御社は何かしていませんか?」と問い合わせがあったときは、メディアがまさに今取り上げたいテーマや切り口を教えてもらっているようなものです。創る広報にとって、これほどおいしい瞬間はありません。

連続ドラマ「半沢直樹」(TBS)がヒットした際にも、「半沢直樹関連で、何かありませんか?」という問い合わせが来てから、急いで「ぐるなびの〝倍返し〟は月曜日」という、来店ポイント10倍返しキャンペーンをつくりました。このように、記者の要望に合うネタは、社内を探してないのならば、その場でつくってしまえばいいのです。

しかし、どうしても自社でネタをつくることができないときもあります。その場合は、次の一手を打ちます。

2 記者の要望に応えられるような人物や会社を紹介する

「そこまでする必要はあるの？」「それは、記者の仕事では？」と思う方もいるでしょう。確かに、どうしても応えられないことに対して、「申し訳ないですが、弊社ではご協力できかねます」と断っても、記者は別の企業を探せばいいだけです。記者もそれに慣れているでしょう。しかし、ここで探す手間を省いてあげたらどうなるでしょうか。喜ばれるのは間違いありません。

有名ホテルで食品偽装騒動が起きたときのことです。外食関係ということで、ぐるなびにも多くのマスコミから問い合わせがありました。

しかし、ぐるなびとしては取引先との関係もあり、なかなかコメントしづらいテーマです。とはいえ、ゼロ回答はしたくない。

そこで私は、今回の食品偽装に対して一家言ある現役のシェフたちを紹介することにしました。幸い、知り合いのシェフの中に、騒動に対して言いたいことがある方や、以前はホテルのレストランで働いていたけれども、食品偽装の実態に嫌気が差し、独立してこだわりの食材だけを提供する店を開いたシェフが、何人かいらっしゃいました。ですから、問い合わせてきた記者に対して、「弊社よりも、現場のシェフたちの話を聞いたほうがいいと思いますよ」と、彼らを紹介したのです。

その結果、記者の方々からは大変感謝されました。一企業から何らかのコメントをもらうよりも、むしろ現役シェフのリアルな話のほうが、記者としてはありがたかったのかもしれません。

これ以外に、ぐるなびにはないものの他社にあるサービスの場合は、そこの広報を紹介することもありました。

自分の会社にネタがなかったからといって他社を紹介すると、自分たちにとってマイナスになってしまうと感じるかもしれません。しかし他社を紹介する広報などいませんから、記者にとっては強烈な印象が残るでしょう。そうすれば、「またぐるなびさんに問い合わせてみよう」となるわけです。ゆくゆくは自社の利益になって返ってくる可能性が高く、マイナスになどなりません。

なお、記者に他社や関係者を紹介する場合、その本人を直接知っているなら、事前に記者に紹介していいかどうか、確認を取っておいたほうがいい場合もあります。特に個人の方や専任の広報担当者がいないお店などを紹介する場合は、紹介された側にも迷惑がかからないように、配慮が必要です。

不利なアウェーではなく、有利なホームで戦おう

繰り返しになりますが、リリースは送っただけではほとんど読んでもらえません。それなら個別メディアプロモート（記者、ディレクターを訪問し自社ネタを提案する）をしたほうがいいと、私も多くの広報担当者に勧めています。

リリースを送るだけだったら、500件送っても取り上げてもらえる確率はほぼゼロ。しかし、メディアプロモートでしっかりストーリーを伝えられたら、10件に1件は取り上げてもらえるのではないでしょうか。

その1件が全国紙での掲載だったり、キー局での放送となれば、これは大きな快挙だと言えます。確率10分の1。ただリリースを送るだけに比べたら、圧倒的な成果です。

しかし、よく考えてみましょう。野球で言ったら1割バッターはすぐに二軍行きです。仮に2倍の成果が出たとしても2割。2割バッターではやはり二軍です。

なぜ、こんなに打率・効率が悪いのでしょうか？　それは、メディアプロモートは、ほとんどがアウェーでやっているからなのです。

もともと広報側はネタを売り込んで、記者に取り上げてもらうわけですから、立場は弱い

わけです。それなのに、記者にとってのホームに乗り込んで、不利な戦いを毎回強いられているのです。オフィスの一角にあるようなブースに通されたら、周りでは多くの記者が慌ただしく仕事をしていて、落ち着いて話をできるような状況ではないこともよくあります。しかも、記者はただでさえ多忙なので、別の仕事で席を立ってしまい、なかなか帰ってこない場合もあります。

社外だと資料を忘れたら部下に持ってきてもらうこともできないし、パソコンやタブレットで説明しようとしたらプロジェクターとの相性が合わずに映らない……あれこれ予想外のアクシデントが起きます。そうするとこちらも焦ってしまい、満足にプロモートできません。もともとの立場が弱いのに、そのうえ不利な条件で戦いを挑んだら、当然負けてしまいます。

そういった事情から、私は自分に有利なホームゲームをするようにしています。ホームゲームとは、記者に自分の会社や自分が本領を発揮できる場まで足を運んでもらうことを意味します。ただ、売り込む立場なのに「サービスの説明をしたいので弊社までいらしてください」とは、さすがに言えません。

そこで、私が始めたのが「マスコミ広報交流会」です。これこそが、広報にとってのホームゲームなのです。

マスコミ広報交流会は、記者1、2名を企業広報担当者が6～10名くらいで囲み、広報側は5分間で会社の紹介、いま注力している取り組み、取材してほしい案件などを記者にPRするのです。記者側も箸をペンに持ち替え、メモを取りながら真剣に聞いてくれます。実際にこの会で話した内容が記事になったり、テレビで取り上げられたりするようになりました。以前はランチやディナーを食べながらの開催でしたが、現在は食事を伴わないカフェ開催や、オンラインでの開催も増えています。

でもなぜ、このマスコミ広報交流会で話したネタは取り上げられるのか。

それは、ここに集まる広報担当者たちが、お互いをサポートし合う仲間だからです。言い忘れたことがあれば、すかさず誰かが質問する形で聞いてくれます。他社の商品やサービスであっても、その場にいるみんなで売り込んでくれるのです。

記者側も、本気で取材ネタを求めている人を呼んでいますから、真剣に聞いてくれます。どうやったらこのネタが記事になるか、あらゆる方面から考えてくれるのです。

そして私はいわばレフェリーのような立場で毎回参加しますが、実は広報側に有利になるように会を進行し、記事化につなげるためには手段を選ばず、誘導していきます。

こうして、マスコミ広報交流会に参加すると効率よく記事やニュースで取り上げてもらえるという状況をつくり出し、実績も重ねてきました。

目に見える成果が出れば、会社側にも「仕事で行っているんです」というアピールができますので、より参加しやすくなるのではないかと思っています。

まだこのマスコミ広報交流会を体験したことのない方は、ぜひ一度ご参加いただきたいと思います。ホームで戦うことがどんなに楽で有利で楽しいか。それを実感してください。

それでは、本章の最後に、マスコミとお付き合いするにあたり、最低限やっておくべきことをお伝えします。コミュニケーションを取りたいなら、相手を知る。これは、礼儀でもありますが、作戦を立てる上での基本でもあるのです。

新聞は「み・ち・こ・し」で読む

最初に、新聞についてお話しします。媒体特性を知るためという目的以前に、広報にとっては新聞のチェックも大事な日課です。

SNSやニュースアプリなどでニュースを知ったり、最近のトレンドをつかむのは大事ですが、紙の新聞ならではのメリットは今も変わらずにあります。

新聞紙面上で、どの面にどれくらいの大きさで取り上げられているか、各ニュースへの紙面の割き方は、その新聞社が考える話題の重要性を表します。これは紙面を見なければわかりません。それに、新聞を見ると、関心を持っていなかったニュースや見落としていた話題も、おのずと目に入ってきます。ウェブ上では、多くの場合、チェックする記事は自分の関心事に偏りがちになります。

さらに、広告も重要な情報源です。新聞社のサイトでは紙と同じ記事は掲載されていても、広告までは載せないのが普通です。どの企業がどのタイミングでどれぐらいの大きさの広告を打ったのかも知っていて損はありません。紙の新聞はざっとであってもチェックしておきましょう。

とはいえ、すべての記事を読むことはできないでしょうし、一方で大事なことはしっかり押さえておきたいものです。

そこで知っておきたいのが、広報ならではの新聞の読み方。

「新聞は『み・ち・こ・し』で読みなさい」

これは、私が新人広報マンだったころ、上司から教わったことです。

「み」は見出し。

「ち」は地図。

「こ」はコラム。

「し」はおくやみ(死亡)欄。

朝会社に来て、届いている全部の新聞をチェックするときは、この「み・ち・こ・し」だけをチェックするように言われていました。

時間がないので本文までは読めません。しかし、この「み・ち・こ・し」をチェックするだけでも、その日の世の中の関心事はだいたいつかむことができます。

見出しは記事内容が一見してわかるようにつくられていますから、要チェックです。

少しユニークなのは「地図」です。新聞に地図まで載せるというのは、それ相応に重要な記事ということでしょうから、知っておいて損はないですし、興味深い話題であると考えられるわけです。

コラム欄はネタの宝庫です。環境問題や社会問題といった大きなテーマのほか、身近にある話題や最近注目の人やサービスなどについて触れることもあるので、広報のストーリーづくりの参考になります。

そして「おくやみ」の欄。そこに取引先の企業の方や、クライアントが載っていれば、それは人事に関する大きな出来事が起きたことを意味します。

もしそんなときに、自社の営業担当が何も知らずに訪問したとしたら、会社にとっての大きな恥です。ですから「おくやみ」欄も必ず毎朝チェックしておかなければいけない項目になるのです。

こういった「み・ち・こ・し」の視点で新聞各紙を毎日読んでいると、媒体の特性が見えてきます。同じネタを扱っていても、視点や書き方が違ったり、扱う大きさが違ったりと新聞社ごとの傾向があることに気がつきます。

たとえば、少し古い例になりますが、2014年4月、日本とオーストラリアは経済連携協定（EPA）を締結しました。これによって、牛肉や車などの関税が緩和、撤廃され、より高いレベルの貿易の自由化が実現するのです。

このときの新聞各社の記事を見ると、日本経済新聞や朝日新聞、読売新聞などは「国がこういう政策をとりました。それによってこうなります」という政府側の視点に立った見出しを多くつけています。たとえば「日豪EPA交渉、大筋合意へ　牛肉関税下げ20%台に」といったものです。

その一方で、毎日新聞は、ＥＰＡの影響を受けるであろう畜産農家の立場に立った見出しを立てた記事が多く、農林水産省の畜産関係者への説明会の話題などを大きな記事にしています。

また産経新聞や東京新聞は、ＥＰＡによってオージービーフは１００グラム当たり何円くらい下がりそうだとか、この機に和牛ブランドを見直そうという記事を出し、より消費者に近い話題として取り上げようとしていました。

このように新聞各社の記事や見出しから傾向がつかめると、どんなネタをどの新聞社に持っていけば通りやすいのか、判断材料になります。

消費者により身近な企画であれば、そういった記事を得意とする産経新聞や東京新聞の生活面の記者にアプローチしていくと、取り上げられやすいかもしれません。

私が実践していたのは、自社のネタが取り上げられている様子をイメージしながら、新聞を読みます。

たとえば新聞の経済面には、企業のトップなどのインタビュー記事が載せられたりします。それを読むと「うちの社長なら見出しはこうだな」と考えたりします。

また、前述しましたが、自社の業界の記事を書いている記者の名前を署名記事から知っておくのも大事なポイントです。

ただ記事の内容を読むだけではない、広報らしい新聞の読み方をしてみましょう。

テレビ番組の暗記は基本

では、テレビはどうでしょうか。

私は、ぐるなび時代、新人広報の人によく宿題を出していました。それは新聞のラテ欄、つまり番組表の暗記です。番組表を「全部覚えてきて」と命じます。そして暗記してきた後はテスト。一部を空欄にして「ここは何という番組？」と問題を出します。これは遊びのように見えて、実は広報にとってとても大事な作業なのです。

テレビ離れが加速していると言われて久しいのですが、それでも、やはりテレビの影響力は無視できない、とても強力なものです。

そこで、テレビにはどんな番組があり、どんなコーナーがあって、どんなネタが最近取り上げられているのかを、広報は最低限知っておかないといけないのです。

たとえば、こんな取材の申し込みの電話がかかってきたとしましょう。

「テレビ朝日の『スーパーJチャンネル』です。この前何かの記事に出ていたのを見て、おたくの○○を紹介したいんですけど……」

これは自社のPRの大チャンスです。

そのときにもしも「スーパーJチャンネル」を知らなければ、「ありがとうございます」以上に言えることがありません。

その番組がどんな番組で、どの時間帯にやっているのかがわからないと、主な視聴者層はわからないでしょう。

昼間や夕方なら主婦がメインになりますし、夜の情報番組ならビジネスパーソンがターゲットになります。深夜番組なら夜ふかしする若者が楽しんでいるという予測ができます。

視聴者層がわからないと、同じネタでも切り口や出し方の見当がつかないのです。

知っていたら、その場で「スーパーJチャンネルさんですね。ウチは今こういうサービスをやっているので、そちらのその企画にお勧めですよ」とPRできます。

せっかく向こうから連絡をくれたのに「検討して、折り返しご連絡します」と伝えてから、その番組を調べて上司に報告する……とやっているうちに、そのチャンスは同業他社に流れていってしまう可能性もあります。テレビ番組を把握しておかないと、こういう失態を招くのです。

テレビ番組の暗記はやっていない人がとても多いので、逆に言うと、自分の強みをつくるためのチャンスです。

まずはどの番組がどの時間帯にやっていて、どんな人が出演していて、どんなネタを扱っているのか、どんな特徴があるのかを把握してください。

そして、時には録画をして休日に見るなど「番組研究」もしておくこと。これは番組を見ないとわからない雰囲気を知っておくためです。

新聞の読み方と同じで、「この番組なら、うちのあの商品を売り込めるかもしれない」と、取り上げられている光景をイメージしながら見るのも基本です。

こういった習慣は、雑誌に関しても同じことが言えます。

雑誌は新聞と違い、毎日発行されません。同じネタでも世の中に出るタイミングが違うので、それを計算して記事がつくられています。

たとえば〝基本給アップ（ベア）〟というニュースがあれば、雑誌はそれを受けての悲喜こもごもとか、それによって新橋の飲み屋がどう変わったなど、ニュースの余波にスポットを当てて、1週間や1カ月の鮮度が保てる記事を打つでしょう。

また、毎年この時期はこの特集と、サイクルが決まっている雑誌もあります。

そういった傾向がわかっていると、掲載時期の2カ月前や3カ月前からネタを用意しておいて、記者に話を持ちかけるというやり方もできるようになるのです。

加えて雑誌には、一度掲載した特集を、切り口を変えて別の記事にする場合があります。

たとえば「人の働き方」をテーマにしても、雇用する企業側から見た問題、あるいは働く人側から、あるいは女性側から見た問題と、いくつもの切り口からアプローチしています。

したがって、1回断られたネタも、次に持っていくと採用されるケースもあります。1回で諦めてはいけないのです。


広報担当は、常日ごろの情報収集が欠かせません。

これを習慣にして毎日積み重ねていくと、膨大な情報量のストックができるでしょう。

マスコミに売り込むとき、記者と会話をするとき、この習慣が必ず役立ちます。

第 3 章

PRストーリーは ハッタリを利かせる

記者やプロデューサーの心をくすぐるには、
しっかり練ったストーリーと具体的なイメージが必要です。
一見、不利に思えることすら、うまく使えば、
プラスの要素になることは少なくありません。
コツをつかんでください。

PRには〝風林火山〟が大切

何年か前のことではありますが、「孫子の兵法」をビジネスに生かした本がよく売れたことがありました。

これは、全部で13編からなる兵法書で、その中の軍争篇の一節があまりにも有名です。守屋淳氏の著書『最高の戦略教科書　孫子』（日本経済新聞出版社、２０１４年）によると、

「その疾《はや》きこと風のごとく、その徐《しず》かなること林のごとく、侵掠《しんりゃく》すること火のごとく、動かざること山のごとく、知りがたきこと陰のごとく、動くこと雷霆《らいてい》のごとし」

意味は、

「疾風のように行動するかと思えば、林のように静まりかえる。燃えさかる炎のように襲撃するかと思えば、山のごとく微動だにしない。暗闇に身をひそめたかと思えば、万雷のようにとどろきわたる」

と、記されています。日本では、甲斐の戦国武将、武田信玄が「風林火山」を旗印にしたことで有名になりました。

この風林火山の極意は、広報戦略においても使えそうです。

●「風」どこよりも素早く、風のように速く動き出す！

旬なネタがあれば、他社がやらないうちに先に動いて機先を制する。何事もスピードとタイミングを逃さないことが大事。

●「林」あちこちで吹聴せず、狙った媒体にだけ、ひそかに静かに持ち込む

「うちにはこんな素晴らしいネタがある」と騒ぎ立てると他社に真似されたり、マスコミに引かれてしまうだけ。じっくり練り込んだストーリーを一番出したい媒体に水面下で持ち込み、確実でより影響力のある形での露出になるよう交渉する。

●「火」
一度火がついたら、あとは一気呵成に拡散させていく

露出がさらに次の取材を呼ぶ好循環を誘引し続ける。媒体によって少しずつ訴求ポイントや切り口を変え、さまざまな媒体で次々に紹介されることで、話題の最大化を図る。

●「山」
広く浸透したら、そのストーリーは決してぶれさせず、どっしりと構える

競合が同じことをしてきても焦らず惑わされず、一貫した対応を堂々と取る。あえて競合に合わせる必要もなければ、根本を見直す必要もない。

また、孫子が説く、「彼を知り、己を知れば、百戦殆《あや》うからず」という教えも広報に置き換えることができると思います。この言葉は、敵の情報も、そして自分自身のことも調べ尽くした上で情勢を把握していれば、何回戦っても負けないという意味です。

広報もまずはいろいろなところにアンテナを張って最新の正確な情報を手にしていないと、

敵（他社）には勝てません。情報局として自社を誰よりも詳しく知り、他社や報道関係者を知ることで勝てるのです。

織田信長は桶狭間の合戦の際、敵将である今川義元の首をとった者よりも、敵将は今ここにいて、数時間後にはここで休憩をする、というような情報をくれた者に、より多くの褒美を与えています。いつの時代でも、現場のいまの情報というのは最も価値があるものだと考えられていたのです。

いま、世の中で何が起きているのか、何が流行っているのか。自社のいる業界でいま何が起きているのか、何が問題となっているのか。そういった現状把握をすることがPRストーリーをつくる第一歩だと言えるのです。

記事を書いてもらうための五つの秘訣

リリースを送ってもほとんどが読まれることなく捨てられてしまうということを、ここまで述べてきました。それは、通常のリリースには記者が記事を書く上で必要な要素が盛り込まれていないからという理由もあります。

記者に「記事を書きたい」と思ってもらうためには、ストーリーが必要です。そのストーリーづくりに不可欠である五つの秘訣をご紹介しましょう。

①なぜ今なのか
②なぜ自社でなければいけないのか
③合わせて一本
④どんな人に取材できるのか
⑤未来を語れ

この五つの要素をストーリーに組み込み、納得感のある理由や分析を肉付けできれば、記者の心に響くPRストーリーができ上がるのです。

①なぜ今なのか

ここが一番大事なポイントです。これを提示できなければ、記事化はほぼあり得ません。

たとえば「5月12日から二次会専用のユーザーと飲食店をマッチングするアプリを提供します！」とマスコミにお知らせしたとき、「なぜ、今なんですか？」と問われて、「いや、本当は歓送迎会シーズンの前に出したかったんですけど、開発スケジュールの関係でどうしてもこのタイミングになってしまって……」などと答えてしまったら、その時点でアウトです。記事になるわけがありません。記者は、そんな会社の都合を聞きたいわけではないのです。

「今年は歓迎会を5月にやる企業が多いようです。なぜなら……」

「最近の若者は一次会には必ず来るけど二次会には行かないようです。だからこそ……」

「増税から1カ月経った時点でアンケートを取ったところ、外食頻度は減っていないものの、二次会を回避する傾向が見られます。それを危惧した飲食店が何とか二次会客を取り込もうとしているタイミングでこのアプリの登場となったのです」

「景気が回復して仕事が増え、残業する人が前年同月比で○%アップしました。残業後にちょっと一杯やっていこうかという人も増えています。そういった層を狙ってこのアプリを開発しました」

このように、後付けでもいいので納得感のある「なぜ今なのか」の理由を見つけるか、それがない場合は、理由をつくってしまえばいいのです。なぜ今なのかを示すと、そのネタをいま報じる必要があるのだと記者に理解してもらえるでしょう。

②なぜ自社でなければいけないのか

1社独占、唯一無二な企業ならまだしも、通常は同業他社がいて、同じような商品やサービスを提供しています。

「他社とあなたの会社では何が違うんですか？」

「なぜあなたの会社が真っ先にこの商品（サービス）を開発できたのですか？」

「ライバル社のA社の商品（サービス）ではダメだったんですか？」

こういった質問をマスコミから受けると想定して、その答えも用意しておかなければなりません。

「実はこのアプリは一から開発したのではありません。既に一次会用で機能している○○というウェブ用のシステムを改良し、アプリに流用しているので、開発のコストも時間も他社が一からつくるより圧倒的に少なくて済んでいます。だからユーザーは安く利用できます。それに加えて日々の飲食店からの情報は、各店舗に営業担当者がいていつもフェース・トゥ・フェースで絆を築いている弊社しか幅広く集められないでしょう」

このように自社でなければできない点をアピールし、特別感を煽るのです。

③合わせて一本

新聞記事もテレビのニュースも、ほとんどの場合が1社だけの紹介で成り立つことはありません。必ず3社くらいの取り組みや事例を横並びにして紹介します。通常は報道する側が自分たちで探してきて記事や番組にしているのですが、これを広報側から、「ほかにもこんな例がありますよ」と他社の事例を教えてあげれば、彼らにとっては手間が省けるわけです。

ここで大事なのは、同業他社を紹介するのではなく、異業種だけど、ある共通項でくくれる企業や商品（サービス）を紹介するという点です。競合の情報を紹介してもいいのですが、全部同じ業界の話題だとテーマの幅が狭まってしまいますので、そこは注意しましょう。

たとえば、毎年、お盆休みになると渋滞の話題が新聞でもテレビでも取り上げられますが、その渋滞を楽しみに変えるアイテムを4社で出し合い、一つの企画にしたことがあります。

東武百貨店では携帯用枕やクッション、携帯トイレなどの便利グッズのほかに急カーブで車が傾いても落ちないマグネット式のオセロや将棋を販売しており、家族みんなで楽しめるゲームが充実しています。

また、KDDIウェブコミュニケーションズが手がけるガジェット専門ECサイトでは、スマホに接続することでDJプレイを楽しめるアイテムや、携帯できるLEDイルミネーションコントローラー、高性能スピーカーなどを扱っており、これらを用意すれば、車内がライブハウスに早変わり。渋滞中も本格的に音楽を楽しむことができます。

そして、レアジョブのオンライン英会話は、スカイプを通して行うため、スマホやタブレットがあれば渋滞中の車の中でも講師と英語で会話しながらレッスンが受けられます。

さらに、オトバンクのオーディオブック配信サービスでは、ビジネス書や小説、映画の原作本などを音（朗読）で聞かせてくれるので、運転しながら読書ができてしまいます。

このように、1社の話題だけではなく、4社4様のアイテムを紹介することで、今年はいろいろな方法で憂鬱な渋滞を楽しみながら快適に過ごすことができそうだという企画ができ上がります。

ほかの企業も紹介すると、記者は取材先を探す手間が省けるので、こちらが挙げた候補に連絡を取り、こちらの狙ったとおりの記事になる確率が高くなるのです。

④どんな人に取材できるのか

これも記事や番組には不可欠なポイントです。報道関係者は商品やサービスの説明だけではなく、その件に関して詳しい人のコメントや実際の利用者、あるいは利用している企業の生の声も取材したいと考えます。そういう要望を先取りして、「こんな人に取材できます。

おそらくこんなことを答えてくれると思います」という程度のことは伝えておきましょう。

なお、取材でこのPRストーリーを語るのは、社長、商品（サービス）の担当者、広報担当者などの社員が務め、実際の利用者は既存サービスのユーザーにお願いしておきます。さらに、利用企業（店舗）についても、あらかじめこういった取材のときに快く対応してくれる会社を把握しておいて、取材先として提示するのです。場合によっては識者のコメントを求められることもありますから、あらかじめリストアップしておくことも大切です。

⑤未来を語れ

ここは記事や番組で言えば締めの部分。その商品やサービスによって、消費者の価値観や消費行動はどう変わるのかについて言及しないと、締まりのないストーリーになってしまいます。場合によってはここを識者に語ってもらってもいいのですが、やはり広報担当者として、現状を分析し、未来予想を語ることも大事です。予想ですから絶対にそうなるという確信がなくてもいいのです。

「近くでいい店が見つかれば二次会に行ってもいいけれど、なければ一次会で帰ろう。残業後、ちょうどいい店があれば寄っていきたいけれど、なければまっすぐ帰ろう。このように迷っている人や、流れでどっちに転ぶかわからない人が増えてきています。中途半端に時間やお金が余っていて、誰かが背中を押せば行動を起こす人たちです。こういった宙に浮いている状態の人たちを富裕層ならぬ〝浮遊層〟と呼んでいます。これからは、どんな業界でもこの浮遊層を獲得できるか否かが企業の業績に直結するようになるので、こういった浮遊層向けのサービスというものは増えていくでしょう」

このように実際に起きていることを踏まえつつ、将来的にどうなるのかを予測します。妄想でもいいのです。PRストーリーそのものが広報担当者の妄想で構わないのですから。

ストーリーがあれば巨大な敵にも勝てる

第1章でご紹介した、「訳ありグルメ」。いまでこそ、あらゆるところで目にしますが、この訳あり商品をいち早く世の中に浸透させたのはぐるなび食市場でした。後になって知ったのですが、同じ時期に通販サイトの王者、楽天市場にも訳ありグルメの特集がありました。

当時のぐるなび食市場は、まだまだ利用者も少ないサイトで、ユーザー数、商品数など多くの面で後れを取っていましたが、唯一、取材の数、つまり露出度だけは、楽天市場にも負けてはいませんでした。なぜならこちらのほうがいち早く、訳ありグルメに「なぜ、『ぐるなび』でなければダメなのか」というストーリーをつくり、メディアに広めていたからです。

「経済の状況が悪い。だからいま、訳ありグルメが求められている」

このストーリーでは一般論が柱になるため、どの通販サイトにも当てはまります。ですから、楽天市場のような巨大なライバルに負けないために、ぐるなびにしか語れないストーリーが必要だったのです。

そこで私は、「訳あり食材を見つけて最初に取り入れた人たち」にスポットを当てました。

訳あり食材に最初に目をつけたのは、飲食店や料理人、つまりは〝プロ〟の人たちでした。たとえば不格好に曲がったキュウリなどは、スーパーや八百屋の店頭に出すことはできません。しかし料理人にとってみれば、調理して出すので形は全然問題ないのです。箱がちょっと傷ついていても、中身が大丈夫であれば何の支障もありません。輸入物を使うよりも、安心と安全が保証される国産の食材で、普通に仕入れたら高いけれどちょっと「訳あり」なものを安値で仕入れ、良心的な価格でお客さんに出すほうが、プロの料理人にとっては理想的なのです。そこから生まれたのが、この訳ありグルメだったという訳あり誕生秘話をストーリーの中に入れていたのです。

訳あり食材は「プロの料理人が最初に始めた」というストーリーをつけたので、それが商品の信頼の土台になっています。ただの訳ありではダメなのです。プロの料理人が見つけた訳あり食材が家計の節約術にもなる。これが最強のストーリーとなるのです。

なぜそうしたのかと言うと、日本全国の飲食店や料理人と深く固い絆で結ばれたネットワークを持っているのは、ぐるなびしかないからです。ぐるなびでは営業担当者や巡回スタッフと呼ばれる人たちが毎日飲食店に足を運び、いま現場で起きていること、料理人が考えていることなどに、いち早く気付くことができる体制をつくっています。ですから、ぐるなびでなければ「訳あり」に気付くことができなかったのです。そして外食業界で流行ったものは内食でも流行るという世の中の流れもありますし、プロの料理人のお墨付きという安心感もあったので、またたく間に広がっていきました。


訳ありグルメのブームに火がつけば、マスコミも当然、楽天のような大きな企業に取材をしに行きます。

しかし記事やテレビ番組で取り上げるときも、「プロの料理人発のブーム」というストーリーが前提にあるため、ぐるなびを外して「訳あり」を紹介することができないのです。そのストーリーをもとに、料理人に取材をしに行くときは、当然ぐるなびを通して、という話になります。

私はよく「商品PRではなく、ストーリーをPRしよう」という話をします。

これは、売り物が「商品（サービス）」だと大手が同じような商品を発売してきたときに、話題をみんな、そちらに奪われてしまうからです。

しかし、競争相手が規模や知名度にものを言わせてきたとしても、一度浸透したストーリーを覆すことはなかなかできないのです。

そして自分の会社にしかない強み、自分の会社でなければできなかったことをストーリーに組み込んでおけば、どんなに大手の競合が真似をしてきたとしても、決してのみ込まれないでしょう。

だからこそ自社の強みを理解しておくということは、広報にとってとても大切なポイントなのです。

ネット企業でもBtoBでも魅力あるストーリーがつくれる

ネット企業やいわゆるBtoB（企業間取引）企業は、通常メディアで紹介されにくいと考えられています。商品になるものがなかったり、その商品が一般消費者向けではないことから、多くの会社はＰＲになかなか積極的にはなれません。

しかし、自分たちがどんな会社で、何をしている企業なのか、それを世の中に広く知ってもらわなければ企業イメージが上がらないでしょう。会社の売り上げを伸ばし、取引先を増やすためにも、ネット企業やBtoB企業はもっと積極的に自分たちのブランドを訴えていく必要があります。

「犬が人を噛んでもニュースにならないが、人が犬を噛んだらニュースになる」

マスコミや広報に携わっている人なら一度は聞いたことがある言葉ではないでしょうか。意外性が大事だという一つのたとえ話です。

つまり、当たり前と思われていたことと正反対のことが起きれば、それは意外性のあるニュースとなるのです。そしてこの意外性こそ広報にとって最大の「ウリ」だと心得てください。

たとえばよく「ネット企業はリアルな現場がないから画《え》にならない。テレビでは取り上げられづらい」と言われがちです。しかし本当にそうでしょうか？　ネット企業でも、完全にネットの中だけで完結している会社は少ないでしょう。少しでも消費者向けの活動をしているのであれば、それを利用するのです。

BtoB企業も、直接一般消費者が使うようなものが何かあれば、それだけでギャップができ、記者は少なからず興味を持つでしょう。

有名な例が、梱包材のプチプチで有名な川上産業。もともと9割弱を企業向けに発売し、残り1割をホームセンターなどで消費者向けに販売している会社でした。そこの女性社員がハート形のプチプチを提案したり、つぶして遊ぶだけの「プッチンスカット」などの商品を提案しました。ネットで販売してから消費者の間で話題になり、メディアでもどんどん報じられたのです。

一般消費者向けの商品を、一般の消費者が使うのは当たり前のことです。そこをBtoBの会社が、「これは一般の消費者がプロ志向になっているから、わざわざ買いに来るんです」という話をしたら「へえ、それはおもしろいですね」となるはずです。

ネット企業やBtoB企業の広報は不利だと嘆く人がいますが、そんなことはありません。むしろ不利でよかったと考え、意外性やギャップをPRストーリーに盛り込む発想の転換が必要ではないでしょうか。

また、自分たちの持っている商品、サービスが取り上げられづらい企業は、そこで働く人の人物PRをする方法もあります。

社長などのトップだけでなく、社員や開発者などでも、キャラクター的に取り上げられやすい人物をピックアップしてメディア向けの資料やプロフィルをつくり、取り上げられるように仕掛けをつくっておくのも一つのアイデアです。そうした社員に、取材で会社や自社のサービスについての話をしてもらえば、それがメディアを通じて、世の中に広まっていくのです。

意外性・社会性・季節性を取り入れる

前項でお話しした意外性のほかに、社会性や季節性も、ストーリーの〝ウリ〟になります。社会性とは、公共性という意味も含みます。公共性とはつまり、誰にとっても他人事ではなくなるという意味です。

さて、ここで問題です。

自宅の洗濯機が壊れました。これが全国的なニュースになるには何が必要でしょう。

有名人でもあるまいし、自分の家の洗濯機が壊れて、迷惑するのは自分と家族ぐらい。それ以外の人にとってはまさに他人事です。

でも、次の二つの要素が加わったらどうでしょう?

・ほかにも洗濯機の壊れた家が複数あるらしい
・それはどれも●●社で××××年に製造されたものばかりだ

この二つの情報が加わったら、おそらくほとんどの人が「わが家の洗濯機は大丈夫か?」と思うはずです。

これが、他人事が自分事になった瞬間であり、言いかえれば自分事がみんなのことになった瞬間。そして、ニュースになる瞬間です。

これを自社商品(サービス)のPRストーリーの中に入れると、マスコミ側も「これはニュースになる」と判断してくれるのです。


そして季節性と時事性。

毎年決まったタイミングで必ずやってくる季節イベントと、そのときだけ話題になったりする突発性・時事性のものがあります。

季節イベントとは、世の中的な年間行事で、お正月、成人の日、節分、バレンタインデー、お花見、ゴールデンウィーク、梅雨、夏休み、敬老の日、忘年会などなど。行事ではないけれど毎年恒例のものとして、初雪、花粉症、五月病、ボーナス、海開き、新米、秋の味覚、一年の総括もの（今年の漢字、新語・流行語大賞）などが挙げられます。また、突発的なものといえば、景気回復、政府・官公庁からの公の発表、事件事故、著名人のゴシップ、そしてさまざまな社会現象などです。

前項でPRストーリーには「なぜ今なのか」を説明しないといけないと書きましたが、この季節性が入っていればそれをつくりやすいのです。もしかしたら、それだけで「なぜ今なのか」が説明できてしまうかもしれません。

京都は今も昔も一年中イベントをやっています。春は葵祭、夏は祇園祭や大文字五山送り火、秋から冬にかけては紅葉や各寺社の特別拝観など、どの季節に行ってもイベントがあるから飽きません。まさに、今行く理由がいつもある、だから年間通してにぎわっているのです。

アンケートで望む結果を導き出す

これまで「広報は忠実に事実を話せ」と言われてきました。実際、先輩や上司にそう教えられた方も多いかもしれません。

しかし私はここで、あえて「情報は創作しろ」と言いたいと思います。

たとえば「上司にしたい芸能人」「彼女にしたいアイドル」など、アンケートの結果がそのままメディアで話題になることがよくあります。

商品開発などでアンケートを行いマーケティングリサーチをするときには、率直な世間のデータを得るのが大事です。しかし広報がつくるアンケートや結果は、その目的が違います。

もちろん、この「創作しろ」とは「嘘をでっち上げろ」という意味ではありません。「事実をつくり出せ」という意味なのです。

こういったアンケートを作成するときに使えるテクニックとしては、

・自由記述方式ではなく、選択方式にする（「この中でどれが一番ふさわしいと思いますか？」とい

うように）

・自由記述にしたとしたら名前が挙がってきそうな、そのイメージに合った人やモノも選択肢に入れておく（不自然にならないように）

といったものがあります。

強引にその芸能人や商品を押しつけるような誘導はかえって逆効果です。アンケートの回答者は不審に思うでしょう。「言われてみれば確かにそうかもしれない」と気付いてもらえるような、その人やモノの魅力・特徴と、意図するイメージを結びつける要素・接点を、知恵を絞って見いだして、最終的に望んでいる結果に導けるように、アンケートを構成しなければならないのです。

これは商品発表会やタレントのイベントに限った方法ではありません。

２００９年にブームに火がついた「トマト鍋」。今では人気の鍋の一つとして定着していますが、当時、ほとんど普及していないトマト鍋を世間に広めようとしたときにも、アンケート調査に一役買ってもらいました。

このときアンケート調査を行った対象は飲食店。飲食店から「今まさに興味を持っている、今年から始めたい鍋ナンバーワン」として、トマト鍋という結果を引き出したのです。

飲食店も客を呼ぶのに必死ですから、これから流行する鍋を真剣に考えてくれます。

このとき「今はヘルシー志向だ」「女性が好むような鍋がいい」と気付いてもらえるような設問を入れていき、最終的に「そうか、だったら今年はトマト鍋がいいんだ」と選んでもらえるアンケートをつくったのです。

こうしてトマト鍋は「プロが選ぶ、今年期待ナンバーワンの鍋」としてマスコミに伝えることができ、メディアがたくさん取り上げてくれたのです。

こうしたアンケートは闇雲に、または強引につくると、ただの「ウソ」になります。しかし上手につくって相手を導いていけば、今まで見過ごされてきた潜在的ニーズを掘り起こし、新しい流行、新しいスタンダードをつくることも可能なのです。

相手に合わせて企画をカスタマイズする

メディアの記者やディレクターに企画を売り込んでいるとき、自分では「おもしろいから絶対に取り上げてもらえる」と思っていても、相手の反応が鈍いことがあります。話は聞いてくれているのですが、「ちょっと違うんだよな」「もう少し、何か欲しいなぁ」とばかりに、それほど乗り気ではなさそうな空気が伝わってきます。

それは、自分の用意してきたストーリーが、相手の求めているものではないからです。こういった場合、そのまま話を進めても、事態は好転していきません。

それでは、そこから逆転するためにどうすればいいのか。話しながら企画自体をどんどん変えていってしまえばいいのです。

相手の反応がいまひとつなのは、一つの切り口しか用意してこなかったこちらの責任とも言えます。人にはさまざまなセンスや感性があるわけですから、自分のセンスでつくった一本だけを「ウケるはずです」と押し通すのは、逆に柔軟性がないとも言えるでしょう。

私の場合、あたかも「実は最初からこっちを考えていたんですよ」という具合に、相手のイメージするものにその場でどんどんストーリーを変えていきます。最終的には、最初に考えていたストーリーとはまったく別の企画になっていることもあります。

こういったいわば「アドリブ力」は、話すことに集中してしまうと発揮できません。

イメージで言うと、話しながら考えるという感じでしょうか。そういった習慣を日ごろから身につけておく必要があります。話をしている脳と、別のストーリーを探る脳。二つを並行運転させるイメージを持ち、相手の反応に素早く対処できるようにするのです。

相手が企画に乗り気でないからといって、「もう一度考えて出直します」では、次のチャンスはないでしょう。今、ここでその気にさせないと、再び時間を割いて話を聞いてくれることはないと思うべきです。話をしながら相手が喜びそうな別のストーリーを考え、臨機応変に対応していかなければ、企画が形になるチャンスはどんどん減ってしまうのです。

さて、アドリブを利かせて何とか企画を通したものの、社内に持ち帰ったら「どういうことだ」という反応になります。持っていった企画が別の形になって戻ってくるのですから、現場の人が戸惑うのは当然でしょう。

ここで新しくできたストーリーに沿って現場をうまく動かしていくのも、広報の大事な仕事なのです。

たとえばぐるなびでは、「ぐるなび大学」という、飲食店向けのセミナーを毎日のように開講しています。

これはさまざまなマーケティングデータや知見データをもとに、飲食店が顧客を集めるために必要なノウハウを提供するセミナーです。開かれている講座も、料理を撮影するためのデジカメの使い方講座や、自分のお店の強みや改善点を見つけるための分析講座など多岐にわたります。

ぐるなび大学を世間に広く知らせるために、マスコミにセミナーの様子を撮ってもらう企画を私は考えました。

そのときに、マスコミからは「従来のセミナーとの違いを出してほしい」というリクエストを受けました。

「従来のセミナーではこういうことを話していた。ぐるなび大学は最近の話題を絡めながら、こんな裏話まで話してしまう」

そういった特別な情報が欲しい、と求められたのです。もちろん私は「わかりました」と答えました。ゼロ回答はあり得ないからです。そこから関係各所を回り、ぐるなび大学の講師にお願いして「最近の話題や裏話をしてください」と話を差し込んでもらったのです。

講座を聞きに来る飲食店の人たちは型にはまった通り一遍の話が聞きたいのではなく、鮮度の高い話を求めています。マスコミが求める内容の話は、セミナーを聞きに来る飲食店の人たちも知りたがっていると説得し、こちらの要望に応えてもらえたのです。

こうした作業を円滑に進めるためには、やはり現場の人たちが納得できるだけの材料と、日ごろからの信頼関係が大事になります。

企画を変えるといっても、何をしても許されるわけではありません。テーマと全然関係ないような話を進めたり、マスコミが望んでいるからと無茶な要求を通せば、現場の人との信頼関係は崩れてしまうでしょう。

「できる」「できない」の線をきちんと見極めて、企画を上手にカスタマイズする。この技量が、広報には求められていると思うのです。

マイナスをプラスに変えるストーリー

2011年のお正月、ネット通販の根幹を揺るがしかねない騒動が起きました。

それは「スカスカおせち事件」と呼ばれ、大きな社会問題になりました。

横浜市にある飲食店が、クーポン共同購入サイトを通して、おせち料理の宅配セットを販売しました。その中身が、広告の写真とはまったく違うひどいもので、多数の苦情が寄せられる事態になったのです。料理は箱の容積に比べて内容量が極端に少なく、写真では傷んでいるようなものまで見受けられました。この画像はネットで拡散され、「生ゴミ」「残飯」という非難を浴び、ついには消費者庁が事情聴取を行う事態にまで発展したのです。

商品を画像で選ぶネット通販にとっては、「信頼」が命です。その信頼を地まで落とすほどの出来事ですから、同じインターネットの仕事に携わる者として、これほど腹立たしい事件はありませんでした。

おせち料理は、「ぐるなび食市場」の中でも、年間を通じて一番売り上げの大きな商品です。その稼ぎ頭が、この不祥事により、次の年から大打撃を受ける可能性が出てきたのです。

このとき大手の通販サイトでは、積極的なPRを自粛し、その事件には触れないよう努めていたようです。しかし、私はそういうときだからこそ、リスクを背負って積極的に打ち出していくべきであり、そのことが信頼回復につながるはずだと判断しました。

このときのPRストーリーで、私はあえて「昨年はおせち問題が世間を騒がせました」という、マイナス要素から入ったのです。

それまでおせち料理は百貨店に行ったり、お店で予約をして買うものだと、多くの人が思っていました。この事件を通して「ネットでおせちが買える」という認識が世の中に広まり、ぐるなび食市場のおせち販売は好調なスタートを切りました。こう切り出すと、ほとんどの記者が「え!? あんなことがあったのに例年より売れているの？ それはなぜ？」と興味を持ってくれます。

そして、今年ならではの現象や取り組みを紹介していくのです。まず2010年からやっていた「お試しおせち」に目をつけました。これは500円で買えるおせちで、お正月よりもっと前の、10月ごろにはお取り寄せができる商品です。おせち料理に入れる10品以上の料理が少しずつ、小さい箱の中に入っています。お客様はそれを食べて味を確認してから、「これならいいな」と思ったら、本番の3万円、5万円といったおせちを頼めるという試みです。このタイミングだからこそ、お試しおせちがみんなの不安を解消できるアイテムとして受け入れられると確信していました。

また、食材の産地や内容量など、おせちメニューに関する詳細な情報を明記することにしました。これをおせちを提供する店舗側に、厳格に義務づけたのです。

さらにサイト内でのユーザーの動きを調べてみました。すると、ウェブ上で商品を選ぶ際、その年は多くのユーザーがページの隅々まで見ていたり、製造元の会社概要まで見に行ったりして念入りに確認し、ページの滞在時間も延びていることがわかりました。

そして見ている時間は土曜日や日曜日の夜がほとんどです。

これが何を意味しているのかというと、そのページを家族みんなで見ているということです。おせちは家族で食べるものですから、家族みんなで選んでいるのでしょう。百貨店などに家族総出でおせちを見に行くのは大変ですが、インターネット上だと気軽にみんなで見て、選ぶことができます。それがインターネットで買う際のメリットでもあるのです。

さらに、インターネット上でアンケート調査を行い、おせちを食べたい理由や購入時に重視することや、お試しおせちへの関心度を聞き出したり、家族で選ぶという情報から、東日本大震災後の家族関係に関する設問も入れました。すると、6割以上の人が「親子関係を深めたい」と回答したので、この結果から、親子関係を深めるために、おせちをみんなで選びませんか、と呼びかけたのです。

消費者に不安が広がっているから、おせち選びで失敗しないために、お試しおせちがお勧めだと強調したのです。

これが予想外の大ヒット。事件が起きた次の年ならではの現象として、取材が殺到し、メディアも大いに取り上げてくれたのです。お試しおせちに誘発される形で、通常のおせち料理の売り上げもアップしました。

リスクを背負って攻めた結果、おせちのPRは大成功したのです。結果として、消費者にも安心しておせち料理をインターネットで購入してもらえるようになったのではないでしょうか。

どんなマイナスな要素でもプラスに変えられる、それがストーリーの力です。臭いものに蓋をして、なかったことにするより、むしろ負の事態にも真剣に向き合い、受け止めながらバネにしていくような戦略が広報には必要だと私は思います。

100%の企画は持っていかない

私は企画書などを新聞社やテレビ局に持っていくときには、あえて8割の完成度にしています。

我々が売り込んだ企画は、その後、必ず社内の企画会議や編成会議にかけられ、そこで採用されて、初めて取材、放送となります。会議で企画を売り込んでくれるのは、私が話を持ちかけた記者やディレクターの人たちです。

このとき、こちらで100%完成した企画を持ち込むと、持ち込まれたほうは自分が考えた企画ではなく、企業側から売り込まれた企画だという意識があるので熱心に企画を通そうとはなかなか思えないものです。自分で額に汗して考えた企画なら熱心にアピールしますが、他人が考えた企画は、上司に却下されても、「まあ、仕方がないか」で済まされるのがオチです。

他人の企画を自分の企画にしてもらうためには、どうすればいいのでしょうか。

それは、あえて未完成の企画を持っていくという方法で解決するのです。

ぐるなびに入社して3カ月ぐらいのころ、「地域資源あおぞら市場」というイベントがありました。

詳しくは後の章でお話ししますが、このあおぞら市場は地方の野菜の生産者が銀座のコインパーキングで野菜を売るという企画です。このとき「プロの料理人が野菜を買いに来る」というところを、あえて詳しく説明しない企画書をつくり、テレビのディレクターさんに持っていきました。

テレビが欲しがるのは、おもしろい「画」です。どんなに意外性のある話でも、興味深い画が撮れなければ、テレビの場合は企画として成立しません。このあおぞら市場で画になるのは、プロの料理人と実際に食材をつくっている生産者が直に顔を合わせるところで、まず一点。料理人はその野菜を店に持って帰り調理し、その日のお客さんに出すかもしれません。そこでもう一点。最後にお客さんの「おいしい」という感想と、料理人の満足そうな顔が撮れれば、画になるというわけです。それをこちらで「こんな場面が撮影できますよ」と言わずに、「料理人が買いに来る」とだけ伝えて、その先はディレクターさんに発想してもらったのです。

「料理人が来るということは、その日持って帰って調理するんですよね」

「だとしたら、その日もしかしたらお客さんに出すかもしれないな」

「それなら、このイベントの模様を紹介するだけでなく、食材を買った後の料理人に密着するのもアリだなぁ」

このようにイメージできたとき、その企画にはディレクターの「魂」が入ります。そして「これは自分の考えた企画だ」と思ってもらえれば、会議での説明にも熱がこもるはずです。

広報の目的は自分の功績や実力を認めてもらうことではなく、商品やサービスを報道してもらうことです。

ストーリーをつくるのは大事なのですが、完璧に仕上げてしまうと、かえって人を動かせなくなってしまいます。ストーリーはしっかり立てつつ、企画書は8割の出来で持っていく。相手がアイデアを出す余地を残しておくと、その気にさせられるのです。

企画は複数の切り口を考える

この企画なら、どんなメディアの、どんな番組・記事でも取り上げてくれる。広報担当者なら、誰しもそんな自信を持った企画があるでしょう。しかし、「必ず通る企画」というものはありません。それがどんなにおもしろい企画であっても、反応ゼロで終わることもあります。なぜなら、メディアによって求められる要素はそれぞれ異なっているからです。

テレビで言えば、番組のジャンルによって違いますし、テレビ局によって性質も変わってきます。それこそプロデューサーやディレクターの好み、センスも十人十色。どんな企画が心に刺さるかは、本当に予想できません。

それでは、企画を通すチャンスをできるだけ取りこぼさないためにはどうしたらいいのでしょうか。

一つの企画に複数の切り口を考えておけばいいのです。


ぐるなびは2012年まで「ぐるなびシェフ BEST OF MENU」という料理コンテストを開催していました。ある時私はこれを、何とかテレビで取り上げてもらえないかと考えました。

料理コンテストは全国でたくさん行われていますから、それだけでは目を引く話題にはなりません。

「ぐるなびシェフ BEST OF MENU」の場合、シェフに密着するという切り口であれば経歴が異色なシェフは話題になりやすいですし、家族みんなに応援されているエピソードがあれば画的にも申し分ないでしょう。さらに、コンテストの審査員を切り口にすることもできますし、協賛してもらった自治体や企業に密着することも考えられます。

しかし、これだけでは〝ぐるなびらしさ〟がいま一つ出せません。テレビ局の反応も薄い感じでした。そこで私は、このコンテストに別の切り口をつくり、テレビに売り込むことにしたのです。

その年の「ぐるなびシェフ BEST OF MENU」は、まだ25歳の若い女性スタッフがメインになって指揮をとることになっていました。この手のコンテストを、社会人になって数年の若者が仕切るのは、おもしろいストーリーになると感じました。彼女に密着して、運営側からこのイベントを追いかければ、料理コンテストを違う視点から紹介できます。

そして、私は「彼女と同じ25歳は、今世の中で何をやってるんだろう?」と興味を持ちました。調べてみると、その頃、秋葉原の無差別殺人犯や茨城での通り魔事件の犯人など大きく報道されたネガティブな事件で、当事者の年齢が25歳前後のことが多いように思われたのです。当時の25歳が育ってきた時代は、一般的に頑張ってもなかなか報われないという認識があり、だからこのときの25歳は少し心が疲れている傾向があると想像しました。そういうネガティブなイメージがあるけれども、一方で頑張っている25歳もいる。そんなストーリーをテレビで見せられれば、世の中の若い世代やビジネスパーソンたちもきっと元気になるのではないか、と思ったのです。

そういう思いで企画をつくり、朝の情報番組のディレクターに持っていきました。出勤前に、彼女が真剣に取り組み、頑張っている姿を見れば、これから仕事に行く人たちを元気づけられるのではないか、という狙いもありました。

この切り口は番組のコンセプトとも合っていたようで、幸運にも企画が通り、取材に来てもらえることになったのです。

このように、何かをPRするときに立てる企画は、あらゆる視点から見て、複数の切り口を用意しておくことが重要です。最低でも3種類は用意しておくべきでしょう。

自社の取り組みを世の中に知ってもらうための、大事な企画です。その企画の可能性を最大限に引き出して、あらゆるメディアで取り上げてもらえるように仕立てるのが、広報の腕の見せどころなのです。

商品の欠点は隠さず長所にする

どんなサービスや商品にも、欠点は必ずあります。

一昔前は、いいところばかりをアピールする誇大広告がメインで、それでもある程度はうまくいっていました。しかし今の消費者は、それを簡単に見抜きます。インターネットではかの利用者の感想を確認できますし、他社の商品との比較なども簡単にできるからです。

今は欠点を素直に認めて、それに伴うプラス要素を説明するほうが、消費者には企業の誠実さが伝わります。

とはいえ、欠点を欠点のままで出しては、やはりマイナスのままです。そこで欠点を長所にするようなストーリーをつくるというプロセスが不可欠なのです。

飲食店の口コミというと「食べログ」が有名ですが、実はぐるなびにも口コミは存在します。しかし、お店を陥れるような書き込みや否定的な投稿は事前にチェックして載せないようにしています。それをあたかも欠点であるかのように「食べログさんと違って、ぐるなびさんはいいコメントしか載せませんよね」と言う記者もいます。

そんなとき、私はまず「そうですね」と素直に認めてしまいます。それがデメリットになるということもわかった上での判断です。

素直に認めてから、「なぜぐるなびが、そういうサイトなのか」を説明します。

そもそもぐるなびでは正式名称を「応援口コミ」と言います。つまり、応援していない口コミは載せないことが大前提なのです。そうしないと悪意や敵意のある書き込みがあったときに、店側の被害を防げません。ユーザーはお店を選ぶ際、どこの誰が言っているかわからない他人の口コミよりも、お店の正確な一次情報（場所、メニュー、値段など）を頼りにしています。ぐるなびにはそれがありますから、お店に対するポジティブな意見や感想だけがあれば十分なのです。

けれども、ユーザー側の批判はすべて無視し、いいことばかりをサイトに載せるのかというと、そうではありません。

ぐるなびではきちんと精査をした上で、批判的な意見も載せるようにしています。一例として、「前よりも味が落ちた」「先代と2代目の味が違う」などのコメントは掲載しています。

ただ、それだけではお店の信頼が損なわれてしまいます。そのためにぐるなびでは、お客さまと飲食店、双方向のやりとりができるようにしました。つまりユーザーの口コミに対して、飲食店側が返答できるようにしたのです。これもほかのサイトとは違う大きなポイントと言えるでしょう。

そもそも味の好みは人それぞれ。一方的に悪口を書かれるのは不公平でしょう。そのやりとりは計10回まででき、すべてサイト上に公開されます。

このように説明すれば、肯定的な口コミを優先して載せる理由について納得感が得られ、お店側が返答できるというシステムがプラス要素としてメディアに取り上げられる可能性もあるのです。

たとえば、他社の商品にはこんな機能がついている、でもウチはついていない。

そんなときは「確かに多くの機能はついていません。その代わりシンプルで使いやすく、コストも最低限に抑えました」とアピールできるでしょう。そういうストーリーのつくり方を常に考えて、特に競合が持っていない何かがあれば、そこを強調するのがポイントです。消費者もいいことだらけだと信用できません。

欠点は隠すよりも長所に変えていくのが、これからの広報に必要なスキルなのです。

企画をひっくり返してしまえ

ぐるなびには、かつて「ぐるなびデリバリー」というネットでの出前注文サービスがありました。もう5年以上前のことですが、当時このジャンルでは、先駆的な最大手「出前館」と、それに続く「楽天デリバリー」とがあり、「ぐるなびデリバリー」は三番手以降の位置づけでした。

あるとき、宅配サイトを記事に取り上げるため、記者が取材に来たことがありました。その話を聞いているうちに、どうやら、ぐるなびデリバリーが〝オマケ〟のような扱いをされるようだとわかってきました。

この手の「今こういったものが流行っています」という傾向記事は、たいてい3社の取り組みやサービスが紹介されるのが基本です。

今は宅配やデリバリーをネットで頼む時代。それによって外に出ないで家で食べる「巣ごもり消費」が増えている。そんなテーマで記事を書きたいとのことでしたが、既にその話題はあちこちで報道されていました。

そこで、私は記者に「そういう記事って、既にいくつかの新聞で取り上げられていますよね」と言いました。随分挑発的だと思うかもしれませんが、あきれて言ったわけでも、上から目線で言ったわけでもありません。

この取材を受けたのは4月の暖かくなってきたころでした。もうすぐ本格的なレジャーシーズンが始まる時期です。

私は記者にこう伝えました。

「今年はお金をかけない、低コストなレジャーが流行りますよ」

景気は渋いし、みんな財布の紐は固いはず。遠くに旅行に行くよりも、近場でお金をかけずに楽しむ人たちが増えています。たとえば公園でピクニックをしたり、川でバーベキューをするなど、今年のレジャーシーンはきっとそうなるだろうと私は説明しました。

近場とはいえ、毎回毎回、朝から早起きしてお弁当をつくっていくのは大変です。

そんなときに、「外でもデリバリーや宅配サービスを頼めて、公園の真ん中や川辺までピザや中華料理を届けてくれるとしたら、とても便利だし、今のニーズにも合っていますよね。実はそれができるのって、ぐるなびデリバリーだけなんですよ」とささやきました。実際、当時はぐるなびデリバリーだけが、携帯電話のＧＰＳ（全地球測位システム）に連動したサービスを展開していたのです。

ＧＰＳが位置情報を取得して、お客さまの現在地を特定。するとその場所に宅配可能なお店が検索されます。そこで注文すれば、お客さまは今自分がいる住所がわからなくても、店側はその場に商品を配達できるのです。「家で頼んで、家で食べる」と考えられていたデリバリーが、今は「外で頼んで、外で食べられる」という方向にシフトしていること。そして、このＧＰＳ機能がこれからのデリバリービジネスに変化をもたらすのだという切り口の話題を記者に持ちかけたのです。

スマホが主流になった現在はどこでも行われているサービスですが、当時その機能を実装していたのはぐるなびデリバリーだけでした。

記者は身を乗り出して、とても熱心に話を聞いていました。そして、ぐるなびをメインとした、こちらがPRしたとおりの記事が掲載されたのです。記事には公園の真ん中でデリバリーを注文している家族の写真が載り（これも知り合いに協力してもらって撮影したものです）、ただの宅配サイトを取り上げた記事では出せないおもしろさが出たのではないでしょうか。

これまでは、「記者は自分でストーリーをつくってから取材している」と言われてきました。だからこちらがどんなことを言っても、結果は既に決まっている。そう思って最初から諦めている広報担当者も少なくありません。

確かに、自分の中で組み立てたストーリーの裏付けを得るためだけに取材をする記者も中にはいます。しかしこちらが新しい切り口で、新しいネタを提供できるとなると、記者が食いつかないはずがありません。記者が思ってもみなかったようなおもしろいストーリーを語ることができれば、主役が入れ替わり、記者が組み立ててきたものとは別のストーリーにひっくり返してしまうこともできるのです。

第 4 章

「創る広報」は社内ネットワークが決め手

会社全体を俯瞰的に把握しつつ、
消費者やメディアの生の声が聴こえる広報の立場を存分に生かす。
「広報発」の仕事がますます求められています。
本章では、そのために欠かせない
社内のあらゆる部署との連携の取り方を考えます。

社内には毎日情報を流して恩を売れ

「急にテレビの取材依頼が入ったんだけど、現場がなかなか協力してくれなくて、説得するのに苦労したよ」

こういう苦労話を、他社の広報の方からよく伺います。

たとえば、あなたが飲食店を運営する企業の広報担当者だったとしましょう。お店にテレビの取材が入ったとき、収録準備の間に用意した料理が冷めてしまい、「湯気が出てないから、急いでつくり直して！」とディレクターに言われるケースも、しばしばあります。そうなれば広報担当者は、開店準備で忙しいキッチンに一生懸命頭を下げて、料理をつくり直してもらうことになります。そういうとき、調理人に嫌な顔をされてしまうこともあるかもしれません。

これは極端な例かもしれませんが、なぜ、現場の人に快く協力してもらえないのでしょうか。

それは普段の関係が希薄だから。現場の人はなぜそれをしなければならないのか、理由がわからないからです。もし、何かの借りがあるなら、突発的なお願いでも快く引き受けてくれるかもしれません。よく言われるように、人との関係はギブ&テイク。相手にとってのテイクが大きければこちらの望みも聞き入れてもらえるでしょう。しかし、ギブが大きいと人は動いてくれないのです。

特に私が実践してきた「創る広報」は、現場の協力がなければ絶対に成り立ちません。ですから、私はメディアとの人脈づくりと同じくらい、社内の各部署の担当者と良好な関係をつくることに力を注いできました。

よい人間関係をつくり上げるには、まずは日々の小さなことの積み重ねが大事です。

そのために実践してきたのが、毎朝の朝刊記事のサマリー配信です。新聞の朝刊に掲載されたニュースの中から、自社が取り上げられた記事はもちろん、自社が関係する業界や競合他社の動向の記事、取引先に関係する記事をピックアップし、要点をまとめ、毎朝始業前に全社メールで配信していました。

ここで重要なのは、単に記事を抜き出して全文を配信するのではなく、要点をまとめて配信するという点です。記事全文をコピペしたり、PDFにして共有すると、権利上の問題が発生する場合があります〈新聞や雑誌記事の転載については、拙著『現場の担当者2500人からナマで聞いた　広報のお悩み相談室』〈朝日新聞出版〉に詳しく書いていますので、関心がある方は、こちら）も参考にしてください）。また、記事を全部送られても、時間のない人は目を通せないでしょう。営業の人たちは出社して1、2時間で外回りに出かけなくてはいけません。記事全文を読む時間がなかなかないのです。

そうした人たちが読みやすいように、記事の内容は要点を四つか五つくらいにまとめ、箇条書きにしていました。

また、その記事について、「この動きは、今後こういう展開になるでしょう」など、自分なりの見解や分析も添えていきます。こうすれば、社内の人たちに広報業務や、広報の視点の理解を深めてもらうことができます。

記事を探すのは、全国紙と自社に必要な業界紙くらいでいいと思います。それくらいの分量なら、まとめの作業はだいたい1時間もあればできます。

毎朝情報を配信していれば、営業スタッフが外で、「そういえば、今日の朝刊に○○って記事が出ていたけど、おたくはどうなの？」といった質問を受けた際、「そうなんですか？　知りませんでした」と答えて、恥をかく事態を防げます。

そして、毎朝のメールが役立ったという体験があれば、広報から「取材で、急に○○のデータが必要になったんだけど、調べてもらえないかな？」と頼んでも、「あのメールに助けてもらっているから、協力しよう」という気持ちになってくれるかもしれません。

私は、社内の動きを世の中に発信するのと同時に、世の中の動きを社内に発信するのも広報の仕事だと思っています。

だから、営業担当には売り上げアップにつながるようなネタ、ウェブ担当にはアクセス数アップにつながるようなキーワードなど、それぞれの部署の役に立つよう、世の中の動きを発信していました。

多少の手間がかかるので、こういった情報発信をやっていない広報も多いようですが、毎日の積み重ねが社内のネットワークをつくるのです。それまであまり話したことのない担当者でも、「毎朝、情報をくれている人だ」と思ってもらえれば、急なお願いも快く引き受けてくれるかもしれないのです。

「広報発」の企画を提案する

一般的な広報業務では、事業部署がつくった商品やサービスを、既に決められた発売や開始のスケジュールに合わせて報道発表する、とされています。

確かに、そういった業務を着実に行うのも、とても大切です。

けれども、定型の業務をこなすだけで、「うちの広報は、本当に頼りになる」「あの人の言うとおりにすれば、間違いない」というところまで、社内の信頼を獲得できるでしょうか。

だから私は、そんなありきたりの広報業務から、一歩踏み出しました。自分から新しい商品やサービスを社内に提案したのです。

たとえば、ぐるなびが運営するスキー場検索サイト「SURF&SNOW」で２０１２年に開始した「ゲレコン」は、広報からアイデアを出し、担当者に実現してもらった企画です。その結果、30〜40のスキー場に賛同していただき、最初の開催となった苗場スキー場には、テレビ東京の「ワールドビジネスサテライト」とＮＨＫの「Ｂｉｚスポ」が取材に訪れ、その日のうちに番組で放送してもらうことができました。これ以外にも、多くの地元のテレビ局や、東京から新聞社が取材に来てくれました。

ゲレコンとは、スキー場で合コンをしよう、という企画です。この企画がメディア受けしそうだと思った理由は、二つあります。

まずは、昨今の若者のスキー場離れです。最近の若者は、スキー場にはあまり行きません。実際にスキー場に行ってわかったのですが、ゲレンデで流れているＢＧＭが、40〜50代の人たちが若いころに流行っていた曲ばかりなのです。主な顧客層が、完全に若者ではなくなっているのだと実感しました。

一方で、当時は「街コン」がとても流行っていて、メディアでもたくさん取り上げられていました。これは街を舞台に、男女が自由に飲食店で話をして、出会いのきっかけをつくるイベントですが、大規模な街コンだと300対300というものまでありました。

この二つの事象を見たとき、今流行の街コンの手法で、スキー場の若者離れという問題を解決する方法があれば、ストーリーをつくれると思ったのです。

イベントを実現するに当たり、マスコミにニュースを売り込んでいく際には、街コンでは演出できない、ゲレコンならではのセールスポイントも追加しました。それが「ゲレンデマジック」というセールスポイントです。スキー場の雪の中で出会うと、普段の姿を知らない分、なぜか男女ともに普段よりスタイルがよく見えたり、魅力的に感じてしまうと言われています。この効果を強調するため、スキーウェアを着てゲレンデで対面するまで、参加する男性と女性が顔を合わせないよう配慮しました。そして出会った男女は、すぐにペアにして、リフトに乗ってもらいます。すると、リフトの高さや慣れないスキーでの緊張で鼓動が速くなり、それを恋のドキドキと勘違いする「吊り橋効果」につながります。さらにどちらかがスキーの初心者であれば、自然とペアの相手を頼ったりもします。こうした仕掛けがニュースとしてのおもしろみを膨らませ、マスコミの方々に「ぜひ、現場を見てみたい」と思わせ、多くの取材につながったのです。

広報発の企画を提案するときのポイントは、「これなら、メディアが取材に来る」という視点で企画をまとめることです。世の中で話題になっていることを把握し、それに関連した商品やサービスを提案したり、メディアに受ける要素をうまくちりばめた企画を考えるのです。「お花見二次会クーポン」という企画も成功した例です。これは、お花見に出かけた人たちを、その後に飲食店に誘導しようという取り組みです。飲食店は常に、いかにして集客するかを課題としています。しかし、家にいる人にわざわざ外出してもらって飲食店に来てもらったり、残業している人に仕事を早く切り上げてお店に来てもらうのは、なかなかハードルが高い状況です。

その点、既に外出している人たちなら、「ちょっと寄って、一杯飲んでいこうか」という気持ちになってもらいやすいので、ハードルが下がります。

そこで私が考えたのが、お花見二次会クーポンです。このクーポンがメディア受けするポイントは、二つあります。

まず、「お花見」という季節性です。春の話題として〝鉄板〟のネタですので、お花見に絡めた新しいサービスならマスコミが取り上げてくれる可能性は高くなります。

しかし、ここまでならよくある普通のクーポンと変わりません。問題はもう一つの意外性です。

通常のクーポンは、スマホの画面に表示させるか、紙に印刷したものを提示して使います。お花見二次会クーポンは、本物のサクラの花びらをクーポンとして活用しました。お客さまは、お花見をした場所でサクラの花びらを一枚拾い、飲食店で店員にそれを見せればサービスが受けられるのです。こうすると、クーポンの利用シーンが、花びらの美しさや、それを提示するときのお客さんと店員のやりとりで、テレビの画的にもおしゃれになります。

狙いどおり、この企画は多くのマスコミに紹介してもらい、取材されたお店からも大変感謝されました。

もちろん、このような広報発の企画は、大概最初はどこの部署からも嫌がられます。私の企画も、最初から社内のみなに歓迎されたわけではありません。しかし、一度成功させて、マスコミの取材が集まれば、各部署の担当者も喜んでくれます。そうなれば、今度は向こうから「今って、何が流行っているんですか?」「何か、メディアに出せそうなアイデアないですか?」という具合に声をかけてくれるようになります。

広報発の企画は、何も商品やサービスの分野にとどまりません。広報は会社そのものもニュースのネタとして売り込むこともできますので、人事部に「今、こういう人事制度をつくったら、取材が集まるよ」というような提案も可能です。私も社内のいろいろな部署を回って、「この部署なら、こういうのができるんじゃない？」と提案をし続けたから、いくつもの企画を実現できたのです。

待っているだけでは、メディアに売り込めるニュースは増えませんし、社内での広報の存在感も増しません。自分でつくり出した案件なら、ＰＲのスケジュールや方法も自分で決められる部分が増えるので、ニュースの売り込みもしやすくなり、広報としての結果も出しやすくなります。

社内ネットワークを強固にするためには、広報発の企画をどんどん出していくのが一番だと思います。

社内で信頼を築く方法

「創る広報」は、今までの広報の概念から一歩進んだ、新しい考え方です。ですから、初めはなかなか社内に理解してもらえなかったり、協力してもらえないこともあります。

私も、ぐるなびに転職した当初は苦労しました。少しは歓迎されているだろうという期待を持っていましたが、実際に仕事を始めてみると、そんな期待はすぐに打ち砕かれました。こちらから何かを提案しても、「何言ってるんですか？　こっちは、ちゃんと計画どおりにやっているんです。邪魔しないでください！」と、各部署の担当者に怒られる始末です。

こういう中で社内に存在感を示すには、小さくてもいいので何か一つ、創る広報としての実績を上げるしかないと思います。そのためには、まずは案件を選ばず、無茶ぶりのような仕事にでも食らいついて実績をつくろうという気持ちが大切です。

私は入社3カ月目で担当した「地域資源あおぞら市場」で、実績をつくりました。先にも少し紹介しましたが、これは、ぐるなびが2008年に仕掛けた、銀座のど真ん中のコインパーキングで、産地直送の農産物を生産者が自ら販売するというイベントです。

このとき、イベントの担当部門の役員から私に来たオーダーは、『ワールドビジネスサテライト』（テレビ東京）の取材を呼ぶこと」でした。

「銀座のコインパーキングで野菜を売る」というのは、確かにおもしろい試みではあります。しかし、一般的に広報がやるように、「○月○日、銀座でこんなイベントを開催します。詳細は……」というリリースや取材案内を送る手法では、テレビの取材は来てくれません。「銀座で野菜？　ふーん」という感想で終わってしまうでしょう。

そこで私は、何とかして「ワールドビジネスサテライト」が興味を持ってくれるストーリーを考え出そうと、イベントの概要や担当部署からもらった情報を読み込み、必死で考えました。相手は経済番組ですので、その番組のニーズに合うストーリーにしなくてはなりません。

思案の末に考えたのは、三つのサプライズで構成されたストーリーでした。

まず第一のサプライズは、「銀座のど真ん中に、なぜか産直市場が現れる!?」です。当時、食品偽装に関連した事件や騒動があり、それをきっかけに消費者の「食の安心・安全」、「食材へのこだわり」という意識が高まっていました。そのような社会背景を踏まえて、「東京・銀座という都会の真ん中でも、農家の方々が直接販売する、『生産者の顔が見える、安心・安全な食材』が買えてしまう」という切り口を考えました。しかし、これは当初の予定どおりの切り口で、これだけでは不十分です。

第二のサプライズは、「その市場の場所が、なぜかコインパーキング!?」です。このイベントの企画は、コインパーキングの運営会社から「駐車場の空きスペースを有効活用する方法はないか？」という相談が、ぐるなびに来たことからスタートしていました。そこから、「コインパーキングを有効活用した、新しい収益モデルに挑戦」という切り口が考えられます。

そして第三のサプライズが、「イベントの仕掛け人が、なぜか『ぐるなび』!?」ということです。ぐるなびというと、「飲食店検索サイト」というイメージを持たれる方が多いと思います。しかし、企業としては「生産者、飲食店、消費者の間をつなぐ情報問屋」として事業を行っています。飲食店だけでなく、実は日本中の自治体とつながりを持ち、さらにその先の食品メーカーや農家の方々とのコネクションも持っているのです。ですから、「ぐるなびは、飲食店だけでなく、生産者ともつながっている」という意外性を出せるわけです。

ここまで考え、さらにもう一つぐるなびらしい意外性が必要だと考えました。

それが、「プロの料理人が買いに来る」という意外性です。プロの料理人と野菜の生産者が直接会話をし、珍しい野菜について「これ、どうやって食べるとおいしいんですか?」など、さまざまなやりとりをしながら食材を選び、購入する。これは画になるシーンです。

単なる食材調達シーンなら、築地市場などで、料理人が購入している場面を撮影することもできます。しかし、築地市場には生産者はいません。いくらカメラを回しても、料理人と生産者がやりとりしながら食材を調達する場面は撮れないのです。

また、料理人たちは日々のお店の仕事で忙しいので、実際に産地に行って食材を探すことはなかなかできません。しかし、銀座の真ん中に生産者が食材を持ってきてくれれば、料理人たちも食材の調達ができます。しかも銀座には名店や高級料理店がそろっています。つまり銀座だからこその画が撮れるのです。

このようにストーリーをつくってニュースを売り込んだ結果、「ワールドビジネスサテライト」に加え、ほかのテレビ局からも取材に来てもらい、番組で放送してもらうことができました。

実際の番組では、料理人がイベントで食材を調達した後、さらにそれを料理し、実際にお店でお客さんが味わうまでを追いかけて紹介されたのですが、実はこれも計算どおりでした。食材が消費者まで届いた場面も、テレビ番組が欲しがるだろうと予測はしていましたから。

こうして無事に社内からの要望に応え、テレビの取材を呼び込むのに成功しました。このときの実績が、その後に私が創る広報を実践していける下地となったのです。

新しい取り組みは、なかなか周囲に理解されないものです。実績がないうちは社内で交渉しても認めてもらえず、不安になることもありますが、諦めずに説得し続けるしかないでしょう。創る広報の可能性を自らが信じなくてはいけないのです。私も「一回騙されたと思って、こういうのをやってみてくださいよ」と、とにかくあちこちで説得しました。

このとき、相手が具体的にイメージできるようなストーリーを描いて見せるのがコツです。「今、世の中でこれが話題になっていますよね。それに関連して、この商品をこんな切り口で考えてみて、ちょっとリニューアルしてみる、あるいは新たにサービスを立ち上げてみる。そうするとたぶん新聞やテレビですごく取り上げられますよ。取り上げられたら、どうなると思いますか。今はこれぐらいのアクセスが一気にこのぐらいにいきますよ。これはもう社長賞ものですよ」

そうやって開発担当者を盛り上げて、その気にさせるのです。一度実績をつくれば、社内の広報を見る目はガラリと変わります。

創る広報は、築き上げるまでに時間がかかりますが、それもまたやりがいのあるプロセスだと私は感じています。

企業トップとの絶妙な距離感の取り方

広報にとって企業のトップとの信頼関係は、とても大事です。

社長会見や社長インタビューは広報活動にとって重要な情報発信の場ですし、不祥事など緊急事案が発生した場合には、トップと直接やりとりして対策を練らなければなりません。

多くの企業で広報担当者とトップはお互いの携帯電話の番号を知っていて、いつでも連絡が取り合えるようになっていることでしょう。

私がトップとコミュニケーションを取るときに心がけていたことが二つあります。

まず一つ目は「雑談」です。

ぐるなびの滝会長とは仕事の合間などに、本当にいろいろなお話をする機会をいただきました。経営論のようなお話もあれば、趣味や昔の思い出など、さまざまです。

たとえば、何かの際に「もし明日地球が滅びるとしたら、何を食べるか？」という話題になったことがあります。このとき会長は「ゴリの唐揚げが食べたい」とおっしゃいました。ゴリというのは、体長数センチの淡水魚で、見た目はハゼに似た魚です。ゴリの唐揚げは加賀料理の一つだそうで、会長はご自身が結婚式をされたホテルで以前召し上がったとのことでした。

確かにおいしかったのだと思いますし、きっと会長が「ゴリの唐揚げが食べたい」とおっしゃったのは、味が好きだからということではなく、ご自身の結婚式の思い出を大切にされているからなのかなとも思いました。

こういった何気ない雑談の中で聞いたお話は、実はその後の広報活動にとても役立ちました。

記者たちも、経営や業績の話ばかりを求めているわけではありません。

「怖い」「厳しい」と思われている創業者が思いがけない趣味や好みを持っているという意外性や、ちょっと変わった仕事術などがあれば、記事として取り上げてくれることがあるのです。こういった話は正式に公表するほどのものではないので、記者と雑談しているときなどに「そういえば、うちの社長って……」と話せるようなネタとして、いくつかストックしておくといいと思います。

二つ目は、過去の話を聞いておくことです。

たとえば朝日新聞の「ひと」欄のように、その人の人生や経歴を取り上げる記事や番組の場合、絶対に必要になるのがその人の失敗談や挫折談です。現在は企業のトップとして成功している方々でも、過去にはいろいろあったはず。メディアは、単に成功話や経歴を取り上げたいのではなく、困難を乗り越えて成功する軌跡を取り上げたがるものです。

ところが、こういった失敗談や挫折談は、いざご本人に伺ってみると、案外出てきません。本人にインタビューしても出てこない理由は、昔のことなので忘れてしまったのか、そもそも本人が失敗したとか、挫折したと感じていないかです。

ある上場企業の社長に失敗談をインタビューしたことがあるのですが、いろいろな方向から質問してみても、「別に、失敗談はないなぁ」とおっしゃるばかりでした。

ところが、実はその方は役員時代に二度も、担当部門の業績不振などで降格され、地方に左遷された経験をお持ちだったのです。そのたびに、地方で驚くほどの実績を上げて復活を果たし、ついには社長にまで上り詰めたのですが、その方にとっては降格も左遷も失敗や挫折ではなかったようです。

こういった話は、雑談をしていると、ポロッと出てくるものです。本人はそれほど重大だという認識がない場合が多いのですが、広報にとってはこういうときに聞き出したネタは大切です。「○○について伺いたいので、お時間ください」といってヒアリングすると、お互いに構えてしまって、案外聞きたいことを聞き出せずに終わります。何気ない雑談ができる関係は、大切なのです。

たまに他社の広報の方から、トップや役員から「新聞がうちの記事を書いてくれないなら、広告を出して記事を書かせろ」と言われたというお話を聞きます。こういうとき、自分の中でワンクッションおくことが大切です。

そのトップや役員に対して「メディアの特性が、わかっていらっしゃいませんね」とか「新聞は、それでは記事を書いてくれません」などと言い返すと、いたずらに相手を不快にさせるだけで何の解決にもなりません。とはいえ、記者に「広告を出すから、記事を書いてくれませんか?」などとは絶対に口に出せません。

「そうですね、検討します」とだけ答えて、あとは粛々と広報としてニュースを売り込み、実力で新聞に記事を書いてもらえるように努めるべきなのです。

自分が働く企業のトップと直接話ができ、考えを聞けるのは、とても貴重な経験です。会社に入ったばかりの若手であっても、トップと話せることは重圧や重荷ではなく、やりがいや誇りにつながるはずです。

信頼が欲しいからといって、常に言われたとおりに動くのではなく、時には親しく語り合い、時には一歩引いて、適度な距離感を持って対応することが、広報には求められると思います。

最終的には社内のほうを向く

ぐるなびでは、毎月数多くの新しい企画がスタートしていましたので、当然すべてをメディアに売り込むことはできません。どれを重点的にPRしていくか、優先順位を決めます。そういう際、「メディア受けするかどうか?」が大事だと述べましたが、それ以上に、「うちの会社は、今これを売り込むべきか?」を考えてみてください。

PRの専門家や、広報関連の書籍の中には、「社員が1000人いようと、1万人いようと、メディアの事情や考え方を理解し、メディアの立場で考えられる人は会社の中では広報しかいない。ゆえに、メディアの側に立って物事を判断すべきだ」という意見もあります。

確かに、外から客観的に自分の会社を見る視点は、広報には必要です。けれども、私はそれよりも大事なものがあるのではないかと考えています。

新しく始まるサービスの中には、開発や準備に時間がかかってしまい、既に競合他社ではどこでもやっていて、完全に後発になってしまった企画もあるでしょう。それに対し、「これはもう、世の中的にニュースになりませんよ」と言って、優先順位を下げることは簡単です。ある意味で、広報として正しい判断なのかもしれません。

しかし私には、魂を込め、時間と情熱を注いで開発に取り組んだ担当者たちに、そんな言葉は絶対に言えませんし、言いたくありません。メディア受けするかも大切ですが、開発担当者の努力や、会社が社運をかけて売り出そうという思いのほうが、はるかに大切なのです。

ですから、そういう思いの強いサービスは、どんなに画になりそうになくても、ニュースとしての売り方が難しくても、あらゆる方法を駆使して何としてでもPRしたほうがいいのです。

また、そういうことができるのも、創る広報の醍醐味です。

商品やサービス自体にニュースになりそうな要素がなければ、開発者の人物像や苦労話にフォーカスして売り込む方法もあるでしょう。それも難しいなら、社長インタビューを組んで、その商品やサービスはいかに価値があり、今後の事業戦略に貢献するかを語ってもらう手もあります。売り込むストーリーは、いくらでも考えられるのです。

広報担当者は、ついついメディアのほうに足場を置きがちです。ニュースを売り込む広報としては、それを取り上げてくれるメディアの人たちは、いわば「お客さま」です。だから、ついそちらの肩を持ってしまいます。

しかし、社内に向かって「マスコミの視点から考えると、こうしたほうがいいよ」「それではメディアに受けないよ」などと言うばかりでは、社内で信頼を得られないでしょう。むしろ反発されるばかりです。

意外に思うかもしれませんが、そもそも、マスコミの人たちも広報に自分たちの側に立って行動してほしいとは、それほど思っていません。

以前、記者から「リリースをＰＲ会社につくってもらったか、会社の人が自分たちでつくったかは、ちょっと見ればすぐにわかるよ」と言われたことがあります。

ＰＲ会社がつくるリリースは、文章もわかりやすく、パッと目を引くレイアウトになっていて、とてもきれいだそうです。

一方、会社の人が自分たちでつくったリリースは、多少文章がおかしかったり、担当者の熱意が前面に出すぎていて読みづらく、見た目も地味だ、と。

こう聞くと「やっぱり、リリースはPR会社につくってもらうべきかな」と思われるかもしれませんが、実際はその逆です。

その記者が言うには、「PR会社のリリースは血が通ってないので、つまらない。読みづらくても、熱を感じるリリースのほうが取材したくなる」とのことでした。

熱の伝わる情報を発信するには、やはり自分の会社を深く理解し、思わずメディアのニーズや事情を忘れてパワープッシュしてしまうくらいに、熱意を持って自分の会社のことを語れなければできません。

ニュースを売り込む際は、メディアの視点よりも大事なものがあります。それを持っているからこそ、本当に社内から信頼される広報になることができるのです。自社を知り、世の中に知ってほしいという熱意があれば、道は開けると思います。

第 5 章

競合でも異業種でも他社との連携は欠かせない

競合他社や異業種の広報とも、
いつでも協力し合えるような、いい関係を築く。
自社だけで動くより、連携したほうが、
格段にメリットがあることが多いのです。
キーワードは「共通項」。タッグの組み方をお伝えします。

異業種や競合の広報とも仲良くすべし

「あそこの広報担当者、顔が広いよね」と聞くと、何となく「マスコミ関係に人脈があるのかな」と思うのではないでしょうか。

確かに、かつての「広い人脈を持つ広報」は、そういう人たちでした。

しかし、これからの時代は、ちょっと違います。これからの広報はマスコミ関係者との人脈だけでなく、異業種や競合他社の広報担当者とも広くつながっていくのが主流になるでしょう。

いろいろな企業の広報担当者とつながっていると、自社だけではできなかったような広報活動ができます。

たとえば、たまたま建築会社の広報から話を聞いていた、ぐるなび広報時代の私が、知り合いの記者と雑談をする中で「そういえば、あそこの建築会社、こんなおもしろいことやり始めましたよ」と言ったら、どうなると思いますか？　その企業や業界と利害関係のない人からふいに聞かされると、記者たちも「へぇー、そうなんですか」と妙に構えることなく耳を傾け、「確かにそれはおもしろい。ちょっと、取材してみようかな」という気持ちになりやすいようです。

アパレル会社の広報が、いくら自社製品のメリットをアピールしても、記者からしたら「それって自分の会社がつくっているものだからでしょ」という気持ちになります。でも、そのアパレル会社のジャケットを着たレストランオーナーが記者と会った際に「このジャケット、涼しいし小さくたたんで鞄に入れられるし、デザインもよくて気に入っているんですよ。最近の経営者は高いブランド品より自分の好みに合った機能性のよいものを身につける人が多いんです」と言ったら、きっとその記者は「最近の経営者の人たちには、そういう傾向があるのだろうか。おもしろい」と感じてくれるかもしれません。

逆に、そのオーナーのレストランで販売しているテイクアウトの高級ガトーショコラも本人が宣伝したのではありがたみがなくなってしまいます。むしろ先ほどのアパレル会社では、社長がいつも手土産として買い求めているのがそのお店のガトーショコラだと、さまざまな場面で話していれば、それが記者の耳にも入り、そんなセレブ御用達のものなら今度取材してみたいということになるかもしれません。そう考えると、お互いの商品をＰＲし合ったほうが興味を持ってもらいやすいとも言えます。

「誰が伝えるか」によって、受け取る側の関心度も変わってくるものなのです。

また、広報同士がつながっていると、思いがけないコラボレーションネタができることもあります。

以前、ある企業がオフィスビルから東京・代々木の一戸建てに移転したと聞きました。これだけだったら「おもしろいことをする会社もあるね」くらいの話で、メディアも取り上げません。ところが、なぜか同時期に、その企業とはまったく関係のない2社からも、「都心の一戸建てに移転しました」という連絡をもらったのです。1社だけでなく、同時期に3社となれば、これは単なる偶然ではないのでは？　と、隠れた関係性を想像するでしょう。記者たちも、そういった「あれ、なぜだろう？」という疑問から、日々ニュースのネタを発掘しています。

「震災の影響で、高層ビルへの不安や、社員同士の絆を強くするためなのでは？」
「高齢化で空き物件が増え、それをオフィス向けに売り出したのでは？」
「裏で同じブローカーが動いているのでは？」

などと、その背景にあるものや人の心の変化を読み取ろうとするのです。

1社の事例ではネタにならなくても、3社集まるとおもしろいネタになるのです。これまでは業界や企業の枠を越えて広報同士がつながることは考えられてきませんでしたが、これからはそれが当たり前になると思います。

特に、若手の広報担当者は、学生時代からSNSに触れてきた世代なので、業界や企業に関係なくつながっていくのに抵抗感がないでしょう。これからの広報は、協力し合う広報なのです。

昨日の敵は今日の友

私は競合他社の広報の方々と、たくさんつながりを持っていましたが、そこはやはり競合です。

ある競合企業の広報室長さんとは、とても親しくさせてもらっていたのですが、「ま、最終的にどっちかが消滅するまで、つぶし合いだよね」と、お互い笑顔で語り合うこともありました。

そんな火花の散ることすらある競合企業の広報同士が、時に連携することもあります。

あるお取り寄せグルメの商品遅配が各サイトで発生し、問題になったことがあります。

そのとき、マスコミの方々から「ぐるなび食市場では、何件くらい発生していますか？」「どのように対応されるのですか？　返金には応じるんですか？」などの質問や問い合わせが、次々と入りました。

実はこのときのマスコミ対応のタイミングや発表内容は、普段はライバルとして争う企業の広報担当者と話し合い、お互いの情報発信の度合いをそろえるようにしていました。

メディアの取材は、同じ質問を複数の相手にして、その違いや差を切り口に、さらに深い質問をしてくることがあります。「A社ではここまでやっているのに、なぜおたくはできないのですか？」という具合に突っ込まれてしまうこともしばしばです。

こういう場合、自分の会社が先手を打って発表さえできれば、競合他社はどうでもいいというわけにはいきません。競合が追及を受け、世間からの批判を集めれば、業界全体に悪影響を与えることもあり得ます。業界全体にネガティブな印象を持たれれば、同じ業界にいる企業はどこも同じ穴の狢《むじな》だと思われ、自社もダメージを受けかねません。各社が真摯に取り組んでいても、マスコミへの対応の仕方を誤れば、消費者に誤解を与えてしまう可能性があるのです。

ですから、このときは競合他社の広報の方と連絡を取り合い、お互いの調査や対応方針を情報交換し、足並みをそろえて、メディアに対応しました。

そのおかげで、私の回答に対してメディアの方から「他社さんも同じようなことをおっしゃっていましたよ。どこも、そんなものなんですかね」と納得していただき、思いもよらない追及を受ける事態を回避できました。騒動自体も徐々に沈静化し、影響を最小限でとどめられたと思います。

業界を守るために、各社が裏で不正な情報操作を行ったり、消費者の不利益になるような情報開示の遅延をさせたり、隠蔽工作をしたりしてはいけないのは、言うまでもありません。

ですが、広報としての対応を誤って、業界全体が信用を失うことも避けなくてはなりません。そのためには、業界としての連携も必要です。

こういう緊急時に協力できるのも、普段から広報同士のつながりを持っていたからこそ。信頼関係がなかったり、相手の立場がわからなければ、すぐに連携して難しい問題に取り組むことはできません。

競合企業だと、何となくつながりを持つことをためらう気持ちもあるかもしれませんが、競合だからこそつながりが大事なときもあるのです。

あえて他社を推薦する

「1社でニュースにならないなら、3社で一緒に売り込んだらいかがですか?」

私は最近、みなさんにこのようにお勧めしています。

今までの広報の考え方では、他社のことを自社の企画書の中で取り上げるなんてことはあり得ませんし、こんなやり方を推奨する人もいなかったでしょう。複数の会社でネタを持ち寄り、ストーリーを用意して、一緒にニュースをメディアに売り込む方法は、今までにない新しい創る広報です。

前述したように、マスコミはストレートニュースでない限り、一つの会社の事例だけで記事や番組をつくることは、あまりありません。もし記者がその事例を取り上げようと思った場合、同じ切り口で他社が似たようなことをしていないかを調べ、三つくらいの事例をセットにして記事や番組にしています。

ですから、もし複数社で一緒にニュースを売り込めば、記者としてはほかの事例を調べる手間が省けます。そうなれば、メディアに取り上げられる可能性はグッと高くなるのです。

たとえば、私は以前、席からサクラの名所が見えたり、店内にサクラを植樹したり、中庭にあるサクラを店内から愛《め》でられる、屋内で食事をしながらお花見が楽しめる飲食店をPRしたいと考えていました。しかし、「屋内でお花見が楽しめる飲食店」というだけでは、ニュースとしてはいまいちインパクトに欠け、メディアが取り上げるとは思えません。

そこで、サクラの開花が早まり、花粉症とお花見の時期が重なってしまったニュースをヒントに、「今年は、花粉症の人でも快適にお花見が楽しめる商品・サービスに注目」という企画を考えました。

体の外で花粉症を防ぐためのグッズとして、新型の花粉症対策眼鏡を発売したメーカーや、反対に体の中から花粉症を防ぐ、新しい飲み薬や食品を売り出した製薬会社や食品メーカーを探し、そういった企業の商品と一緒にしてニュースを売り込んだのです。

このように他社を一緒に紹介してしまうと、自分たちが損をすると思う方もいるかもしれません。

私はあくまでも、飲食店を取り上げてもらうのを目標にニュースを売り込んでいます。きちんと自分のPRしたいものにも脚光が当たるストーリーをつくっておけば、必ず自社に取材が来ます。それもメインで取り上げてもらえるかもしれません。万が一扱いが小さくても、取り上げてもらえただけで効果は十分あるでしょう。

カーシェアリングやルームシェアのように、これからはみなでシェアするのが当たり前になってくるのではないでしょうか。広報担当者も、PRネタをシェアして、複数の会社が一緒にニュースを売り込む手法が、今後の主流になるのではないかと考えています。

共通項を探すのがコツ

ＰＲネタをシェアする相手は、基本的に全然違う業界の企業がいいと思います。どんな企業とシェアをしても、メディアに訴求でき、すべての企業が平等にＰＲできるストーリーをつくるには、ちょっとしたコツがあります。

それは、「共通項を探す」ということです。

たとえば、２０１４年の春にぐるなびが出した二次会専用アプリ「イマノモ！」のニュースの売り込み方は、その成功例と言えます。

このアプリは、そのままではメディア受けするようなものではありませんでした。それでも共通項をうまく見つけ、他社のサービスと抱き合わせで通信社の記者に売り込んだ結果、写真付きの大きな記事として全国に配信され、多くの地方紙や経済産業紙で取り上げてもらいました。

「イマノモ！」は、スマホのＧＰＳ（全地球測位システム）機能などを使い、今いる場所から近いお店の中で、すぐに入って飲める所を検索できる二次会の飲食店を探すアプリです。このアプリをニュースとして売り込む場合、単体ではメディアで紹介してもらえないでしょう。

まず、アプリという商材自体が、全国紙の生活面に載せられるような記事のネタになりづらく、あまり取り上げられないのです。

さらに、「イマノモ！」はサービスを開始した当時は、東京の渋谷や新宿などの五つのエリアでしか使えませんでした。そのため、普通に考えれば、日本全国に発信するようなニュースのネタにはなりづらいものです。

そんな弱点ばかりのアプリでしたが、何とかこれを世の中に広く知ってもらおうと頭をひねった結果つくり出されたストーリーが、「残業族向けの新しいサービスが盛り上がり始めている」というものでした。

ストーリーを考えるに当たって、二次会専用アプリを実際に使うお客さんの姿を、具体的に想像しました。すると、一次会が終わって次のお店を探している人たちだけでなく、午後9時や10時にようやく仕事が終わり、同僚と「ちょっと、一杯いこうか」といってお店を探しているサラリーマンの姿が浮かび上がりました。折しも、景気の回復傾向により、仕事量が増え、残業をするサラリーマンが増えていました。そこから、「残業族」というキーワードが出てきたのです。

そしてこのキーワードに合う商品やサービスを、他社でも何かやっていないかと探しました。

そこで見つけたのが、オフィスですぐに食べられる常備野菜を配達するサービスです。これは大手お菓子メーカーがオフィス向けに展開している〝置き菓子〟サービスの、野菜版です。残業中に小腹がすいたとき、手軽な食べきりサイズにパックされた野菜が食べられ、お菓子をつまむよりヘルシーというわけです。

そして二つ目は残業族向けのオフィスへの出張マッサージでした。夜、仕事に疲れたサラリーマンが連絡すると、オフィスまでマッサージをしに来てくれるサービスを展開している企業があったのです。

これで、「残業族」というキーワードでくくれる、まったく業種の違う企業のサービスが三つそろいました。それらをもとに「景気回復で残業が増えた結果、残業族向けのサービスが増えている」という一つのストーリーをつくり上げ、世の中の傾向と、それに合わせた企業の事業展開のニュースとして売り込んだ結果、メディアに興味を持ってもらえたのです。

このケースはほかの2社と連携をしたわけではないですが、まったく別の会社の商品やサービスの共通項を見つけて、そこからストーリーをまとめたのがポイントです。

これは難しいことのように思われるかもしれませんが、ちょっと訓練すれば、誰でもすぐにできるようになります。

私が主催する広報スキルアップ勉強会でも、出席者を会場に来た順に3社ずつのグループにして、たまたま同じグループになった3社で共通項を見つけ、メディアに取り上げてもらえるようなPRストーリーをつくるワークショップをやったことがあります。

すると、その場で初めて会う業種も業界も違う企業の広報同士が、次々と本当にそのままメディアに売り込みに行けるようなストーリーをつくっていたのです。

コツをつかめば、どんな企業とでも、一緒にストーリーをつくってニュースを売り込めます。これこそが新しい広報のスタンダードになっていくでしょう。

PR会社で思うような成果が出ない理由

PR会社は、広報部門の業務を支援してくれる会社です。

電通や博報堂といった広告会社は、宣伝プランの提案や広告の制作、メディアへの出稿などで宣伝部門を支援しています。それと同じように、PR会社はPRプランの提案やリリースの制作と発信、記者会見のセッティングや運営とメディア対応、そのほか広報活動に必要な情報収集やアドバイスなど、広報部門の業務全般をサポートしてくれます。

私も以前はPR会社に勤務していました。したがって、企業から仕事を頼まれる立場と、仕事を頼む立場の、両方からPR会社に関わった経験があります。ですからPR会社のいいところと悪いところ、頼りになる点とその限界などが、よくわかります。

そんな私の目から見ると、残念ながらPR会社はクライアントを満足させられていないケースが多いように思えます。

実際、メディアへのニュースの売り込みに関して、しばしば企業の広報担当者から「せっかくPR会社に頼んだのに、あんまり効果がないんだよね」という悩みを耳にします。

こういう場合、PR会社が期待した効果を上げられない理由は、二つあります。

第一は、PR会社の担当者が、その企業や業界の現場をよく知らないという理由です。多くのPR会社は、さまざまな業界の企業を何社もクライアントとして抱えています。ですので、担当者も業界の違う企業を、一人でたくさん受け持つことになります。

実際私も、PR会社にいたころは業界がバラバラの企業を同時に10社近く担当していたこともあります。先輩の中には、20社以上を同時に受け持ち、どれがどこの企業の案件だかわからなくなりそうになりながら、毎日仕事をしている人もいたくらいです。

これでは、PR会社の担当者がそれぞれの会社や業界の現場を詳しく見て回るのは、ちょっと不可能です。

そのため、PR会社がマスコミにニュースを売り込んでも、記者やディレクターに対して、彼らの心を動かせるような話ができません。

たとえば、「景気が上向いてきた影響で、少しずつ企業が接待交際費を使い始め、飲食店に経費で食事をするお客さまが増えてきた」という傾向を、ニュースとしてメディアに売り込むとします。

この売り込みをPR会社に頼んだ場合、クライアントである私たちのほうから提供した調査データのほかに自分たちの言いたい点を裏付けてくれるデータを探し出すと思います（それさえしないPR会社は話にならないのですが）。そして、それらを資料にまとめてメディアに売り込んでいくのです。

これはPR会社が売り込みをする際の常套《じょうとう》手段ですが、なかなか思うように成果が出ないのが現状です。それぐらいのデータなら、記者は自分で調べられるので興味を持たないでしょう。さらにもっと顕著にその傾向を裏付けるデータを出してほしいと言われて、それがなかったら、そこで終わりになってしまうのです。ここで大事なのは、現場で実際に何が起きているかです。これを語れなければ、記者の心は動きません。

このニュースを売り込む場合、私なら「最近、飲食店の人が急いで領収書を買いに行く姿がよく見られるんですよ」という具合に、現場で自分が見た話を売り込みます。急に領収書をたくさん出すようになったから、お店の領収書が足りなくなって、店員が買いに走っている姿は、メディアが記事や映像にするのにもってこいです。記者も取り上げようという気になってくれるでしょう。

こういう売り込み方は、現場をよく知らないPR会社の担当者には、なかなかできません。表面的な、熱のこもらない提案になってしまうことが多いため、ニュースの売り込みを頼んでも期待したほどの結果を出せないのです。

PR会社が期待ほど結果を出せない二つ目の理由は、PR会社はリスクを伴う積極的なPR活動は提案しづらいからです。そんな提案をして、万一クライアントに損害を与える結果になれば、責任問題になるだけでなく、PR会社としての信用にもかかわります。こういう状況で企業側が「PRしてほしい」と頼んでも、さまざまな理由をつけてやめさせようとするでしょう。

ただし、PR会社は役に立たないと言いたいわけではありません。PR会社で働いていた身としては、むしろ彼らを上手に使ってほしいと思っています。

広報担当者は、PR会社に頼り切るのではなく、彼らが得意とする部分だけを頼むようにする使い分けが必要だと思います。

次項はＰＲ会社の使い方をご紹介します。

役割分担をハッキリさせよう

私は企業の方から「ＰＲ会社を探してるんだけど、どこかいい会社はない？」と相談された場合は、まずは目的と役割分担をはっきりさせるようお勧めしています。

いまは「何でもお任せください」というような大手から、「これが得意です」という強みを前面に出す少数精鋭のＰＲ会社など、さまざまな会社があります。私も紹介するときは、「テレビの露出を増やしたいなら、ここ」「地方にしか拠点のない企業が、東京での広報を頼むなら、あそこ」というように、目的や予算などに合わせてＰＲ会社を紹介しています。

ただし、クライアント企業の現場や業界のことをよく知っているＰＲ会社をお勧めするのが基本です。アパレル企業なら、やはりアパレル業界に精通したＰＲ会社でなければ、的を射たＰＲ活動はできません。これは業界に関する質問をいろいろしてみればわかるでしょう。

このように、自分たちが弱かったり、手が回らない分野を補完してもらうためにＰＲ会社を上手に活用するのはいいでしょう。

しかし、私は次の二つのことだけは、ＰＲ会社には頼まずに自分たちでやるべきだと思っています。

第一は、「創る広報」の重要な要素である、ストーリーづくりです。

これをすべてＰＲ会社に任せていては、ノウハウを蓄積できませんし、いつまで経っても創る広報を実践できるようになりません。

また、自分の会社や業界の現場を詳しく知らないＰＲ会社の人間には、ニュースとしてマスコミに取り上げられるような独自性のあるストーリーをつくり出すことは、かなり難しいでしょう。

ですから、ＰＲ会社に頼むのであれば、ストーリーづくりに参考になる情報やデータを集めてもらったり、自分たちでつくったストーリーをきれいなプレゼン用資料にまとめてもらうなど、作業的な仕事をお願いするのがベストです。

ＰＲ会社はよくも悪くも、広く浅くさまざまな企業とお付き合いしています。だから自分たちが考えたキーワードに合うような商品やサービスを他社がやっていないかを調べたりするのには向いていますし、資料作成も専任の担当を抱えている場合がありますので、効率よく進めてくれます。

二つ目は、マスコミへのニュースの売り込みです。

「こういうところこそ、専門であるPR会社に頼むべきでは？」と思われるかもしれません。しかし、実はそれほど目覚ましい効果は得られないのです。

PR会社と企業の広報担当者とでは、マスコミ関係者の人脈の種類が違います。PR会社の担当者が名刺交換し、知り合ったメディア関係者の数は、おそらく普通の企業の広報担当者の数倍、数十倍でしょう。しかしその中で、「ちょっとおもしろい話があるんだけど」と気軽にネタを持ちかけたり、どうしても取材に来てほしかったりというときに、予定を調整して駆けつけてくれるようなマスコミ関係者は、それほど多くないと思います。

それにPR会社はマスコミ関係者の人脈を、クライアントに紹介したがらない傾向があります。

PR会社にとってマスコミ関係者とのつながりは、クライアントから報酬をもらうための大事な武器です。もしマスコミ関係者をクライアントに紹介し、クライアントから直接ニュースを売り込めるようにしてしまったら、PR会社の存在意義は薄れてしまいます。

企業の予算などの事情により、PR会社との契約を打ち切らなくてはならなくなったとき、PR会社に売り込みを任せきりにしていると、いざ自分たちで売り込もうとしてもマスコミ関係者との人脈がないので、一からアプローチし直さなくてはならなくなります。

だから、ニュースの売り込みは自分たちでやるか、PR会社に頼むのであれば、あくまで自社の代弁者として、話す内容や売り込み先をPR会社にきっちりレクチャーした上で進めてもらうほうがいいでしょう。

広報業務の司令塔は、やはりその企業の広報担当者であるべきです。

PR会社に頼りきるのではなく、彼らの力を上手に借りて、自分たちらしい広報活動をしていくべきなのです。任せるところと、自分たちでやるところをしっかり見極め、効率よく進めていける関係が、PR会社とのいい付き合い方だと思います。

第 6 章

SNSの上手な使い方

今や、広報にとって、なくてはならない、
無視したくてもできないものとなったSNS。
SNSを使った詳しいPR術は専門書に譲って、
ここでは、広報担当者として知っておきたい、
SNSに対する基本的な考え方を簡単にお伝えします。

マスコミを引きつけるSNSの使い方

数年前からテレビや新聞でも、フェイスブック、ツイッター、インスタグラムといったSNSが強く意識されるようになりました。

テレビの情報番組や記事も、検索数が急上昇しているキーワードなどを「旬の話題」として取り上げる事例が増え、トレンドの起点は既にSNSに移ったと言えるかもしれません。

ユーチューブに投稿された動画をそのままテレビで流すことも一般的となっています。

クラブハウスでマスコミ関係者と直接語り合うことも可能となりました。

今は記者の多くも、ツイッターやフェイスブックのアカウントを持っています。

ですから企業の広報担当者は、SNSなどのツールを上手に駆使し、マスコミに自社を知ってもらい、注目してもらうことも重要な仕事となるでしょう。

ツイッターやフェイスブック経由で記者から取材依頼が来るケースはどんどん増えています。そういった依頼を記者の方々から受けるためには、日ごろから相手と積極的につながって、親しくなっておかなければなりません。

SNSは気軽にやりとりするのが目的のツールですので、ニュースリリースとはまた別の、会社や自分の「体温」が伝わるような、親しみやすい投稿が適しているでしょう。

たとえば「うちの社員がこんな社内賞を取りました」と目録などを撮影して投稿するとします。そうすれば、「この会社は、こんな表彰制度があるんだな」「そういう取り組みをする会社なんだな」と伝えられます。それが一つの取材ネタにつながるかもしれません。

また、最近流行っている他社の製品を「ついに買っちゃいました」と投稿して、「自社もこの流行に乗って、こんな試みをやろうとしています」と投稿するとします。一見、他社製品のPRのようになりますが、こうすればトレンドの情報と、それに対する自社の動向が、さりげなく伝わるのではないでしょうか。もちろん、事前に公開してもさしつかえない範囲でということです。

もう一つは、会社で働く「人」をアピールする方法。

経営者などのトップに限らず、名物社員がいるならどんどん紹介するべきでしょう。その人物の日々の行動や発言を紹介すると、「この人に取材をしてみたい」とマスコミに思ってもらえるかもしれません。

繰り返しになりますが、今はただの「商品PR」では物が売れにくくなりました。

商品の背景や、その商品を売っている会社自体の好感度を上げ、ブランドとしての価値を上げることが、広報として考えるべき一つの課題なのです。

ＳＮＳの中でも特に訴求力があるのがツイッターです。公式アカウントを持っている企業も増えましたし、「中の人」の頑張りによってツイッターで確実にファンをつくりだしている企業もあります。

ツイッターで好感触を得るための最も大事な要素は、「親しみやすさ」だと私は思っています。当たり前のことのようで、実は結構難しいのです。ＰＲしたいという気持ちが先立つと、読む側がどう感じるかが見えなくなったり、距離感がうまく計れなくなったりするからです。たとえば、自社の雑貨や家電など、日々の暮らしの中で使う商品をツイッターに投稿するとします。

商品の写真を載せるだけでは明らかに宣伝色が強くなります。商品だけでなく、たとえば実際に部屋に置かれているワンシーンや使っている姿などを撮影して、商品が消費者の日常に溶け込むこと、生活をよりよくしてくれることをイメージできるような写真にして載せると、シェアしてもらうのに効果は高いはずです。

また、投稿は消費者が「自分事」ととらえられるような内容にすることも大事です。その投稿を読んだ人が「自分はこう思うな」という意見を持ったり、自分に関係する情報だと思ったとき、人は「いいね！」を押したり、他人と情報をシェアしたくなるのです。

ぐるなびで出した「ビールをよく飲む都道府県ランキング」が多くのウェブ媒体で記事になったことがあるのですが、このときは一般の人がものすごい勢いでシェアしたり、拡散してくれて、ちょっとした話題になりました。

日本人であれば、その多くがどこかの都道府県の出身です。そこで、日本人の中にある「県民性」をくすぐる話題を載せ、興味を持ってもらおうとしたのです。

ちなみにビールをよく飲む県は1位が東京、2位が大阪、3位が京都と、大都市での消費が目立ちました。

この記事で特に注目したのはビールの消費量が少ない、ランキング下位の県です。私はここにスポットを当て、県民性を調べて「なぜ飲まないのか」の分析をしました。

「ビールを飲まない県」は1位が奈良、2位が鹿児島、3位が埼玉です。

奈良は古風なイメージがありますが、実は新しいもの好きだと聞いたことがあります。ですから古くから飲まれているビールをあまり飲まず、スパークリングワインや、フルーツカクテルなどを好むのかもしれません。

鹿児島県人はおそらくビールよりも焼酎などを多く飲むのでしょう。

また、埼玉は人口当たりの飲食店数が全国で一番少なく、飲みに行きたくても店が少ないという現状があります。その一方で、教育費が全国1位、レジャー費は全国2位など、飲酒以外にお金を使う県民性がうかがえるのです。

そんな分析があると、この記事を読んだ人は、「いや、埼玉だって飲むよ」「埼玉生まれ、埼玉育ちだけどビール大好き」といった反応がどんどん出てきて、それが連鎖的に広がっていきました。

また「埼玉もそうかもしれないけど、千葉も実はそうなんです」とほかの県民も反応してきたりと、都道府県ランキングならではの「それについては自分も一言、言いたい！」という反応が多く寄せられました。読んだ人が自分事としてとらえたということでしょう。

プライベートな情報で自分のキャラをつくる

自分のプライベートを、ツイッターでつぶやくべきかどうか。多くの広報担当者の悩みどころかもしれません。

私の答えは「どんどんやったほうがいい」です。

人に親しみを持ってもらうには、情報を発信する人がどんな人なのかをわかってもらうのが一番です。

広報はいわば、会社に興味を持って足を踏み入れてもらうための最初の「扉」です。それが堅苦しい雰囲気の漂う扉だと、人は入りづらいものです。

誰でも気軽に入れるオープンな雰囲気をつくるためにも、自分の趣味や好きなものを披露して、自分のキャラクターをつくっていくのが、多くの人にフォロワーになってもらうポイントなのです。

たとえば私は毎日のようにお店の料理の画像をツイッターやフェイスブックにアップしています。それを長く続けていくと、私の投稿一覧が一つの飲食店ガイドのようになっていくのです。やがて、私の過去の投稿を見てお店を決める人がどんどん増えていきました。その中にはマスコミの方もいて、「今度懇親会をやらなきゃいけないんだけど、どこかいいお店はないですか」と尋ねられることもあります。つまり、私の場合は飲食店に詳しいキャラクターができ上がっているのです。

このように趣味やライフワークをアピールしていると、その話題が出たときに「あの人に聞いてみようかな？」と思ってくれるのです。

私の友人は鉄道好きで、新しい鉄道の模型が出るとすぐに買ってツイッターにアップします。そして素人にはわからない〝走り具合〟などを細かく説明するような、生粋の鉄ちゃんです。そればかりを投稿しているので、もし私が記者に「鉄道模型にはまっている人の取材がしたい」と言われたら、真っ先に彼の顔が浮かぶでしょう。

ほかに、外回りの多い方は、ランチを外で食べることが多いと思います。中には手軽に済ませる「立ち食いそば」が好きな方もいるでしょう。

毎日毎日「今日の立ち食いそば」をアップして、そのとき行った店の感想や、店舗による味やサービスの違いなどを書けば「立ち食いそば博士」という立派なキャラクターになるかもしれません。

そして、自分自身が何かで有名になれば、それはやはり企業のPRにもつながります。そう考えると、何でも広報の材料に使えることがわかるのではないでしょうか。

公式アカウントでは宣伝色を消す

SNSを駆使して企業のイメージを上げたり、商品やサービス、またはキャンペーンなどの宣伝をするのは、これからの広報には必須の仕事です。

しかし、最近の消費者は宣伝に関して敏感です。企業の宣伝色を感じると、たちまち離れていきます。

とはいえ企業のアカウントですから、宣伝をしないわけにもいきません。宣伝色を消しながら、ＰＲするにはどうしたらいいのでしょうか。

よくあるのが、架空の研究所や団体を立ち上げる方法。

２０１３年の夏、永谷園が「永谷園生姜部」という公式アカウントを持ちました。

これはスープやお菓子など、永谷園で扱う生姜の入った商品を宣伝するためのフェイスブックです。しかし、そこに宣伝の雰囲気はほとんどありません。

内容はたとえば「ぶらり生姜食べ歩き」というテーマで、生姜を主役に使ったメニューを出す全国各地の飲食店を紹介したり、生姜を使ったレシピなどがメインになっています。

そこには「ショウくん」という、生姜がモチーフのマスコットもおり、ショウくんがレストランに行ったり畑に行ったりと、画像に登場します。人気が出そうなキャラクターをつくるのは、今やお約束でしょう。

そして、本当にときどき、永谷園の商品やキャンペーンの情報が差し込まれています。それがまったく嫌味ではないのです。

以前から、寝具を扱っている企業が睡眠に関する研究所のホームページを立ち上げたり、掃除関連グッズを売っている企業が生活スタイルを提案するサイトをつくるなどの例は珍しくありませんでした。宣伝色を消しつつ、さりげなく商品やサービスの購入に結び付けられるように、どの企業も四苦八苦しているようです。

キャラクターを採用したＳＮＳのアカウントもとても増えました。

その有名な例としては、ローソンのキャラクター「あきこちゃん」でしょう。

「あきこちゃん」の設定は、ローソンでアルバイトをする20歳の大学生。毎日ローソンについてのメッセージを、ファンに伝えています。このローソンのフェイスブックページを見るとわかるのですが、実はローソンは商品の宣伝やキャンペーンのお知らせを、それこそバンバンと打っています。それでも、あきこちゃんの愛らしいルックスや、ところどころ挟み込まれる「４コマ漫画」などで、何となくその宣伝をあきこちゃんがしているように思わせてしまうのです。

これらの事例に共通するのは、見る人の気持ちを考えた発信をしていることです。

みなさんも自分の企業を離れれば、一人の消費者です。その消費者視点を自分の企業にも持つことができれば、ひとりよがりにならないアピール方法が、自然と見えてくるのではないでしょうか。

SNSでリアルな情報を集める

広報には、これまでお話しした情報発信という仕事の一方で、情報を集めるというもう一本の仕事の柱があります。

その情報収集にも、SNSは大いに役立てるべきです。

仕事中はもちろんテレビを見るわけにもいきません。新聞も広報担当者なら全部チェックしたいところですが、時間に限りがあります。

最近は、ツイッターやフェイスブックでテレビや新聞の報道をすぐにアップしているので、それをチェックするだけで今朝のテレビでの話題がわかったりします。とても効率的に情報収集できるのです。

ただし、あくまでも部分的にしか情報は拾えません。新聞や雑誌のほうが情報を網羅しているのは言うまでもないでしょう。

しかもSNSの投稿は作為的に切り取られた情報の一部分かもしれないので、その情報を鵜呑みにするのは危険です。ですから、必ず数カ所のサイトや新聞、ニュースなどで、その話題の真偽を調べるというプロセスが必要になります。

また、世界中の情報をリアルタイムで知れるのもＳＮＳの大きなメリットです。海外のファッションショーなどはＳＮＳで実況中継され、リアルタイムで画像が投稿されます。これは情報と発信にタイムラグが出る雑誌や新聞では実現できないことです。

やはり広報としては、自分のいる業界の最先端の動きも知っておきたいものです。話題を先取りできるように広く情報を集めることも仕事の一つなのです。

だから私は、移動時間にもサッとＳＮＳに目を通していますし、パソコンに向かって仕事をしているときは、ツイッターもフェイスブックも開けておきます。企業の情報局として、常に情報の窓口を開けておきましょう。

第7章

凄腕広報担当者に聞く！ 私とわが社の広報術

他社の成功事例・失敗克服事例には、
会社の規模や業種、扱う商品・サービスが違っても、
必ず自社に役立つヒントが隠されています。
本章では、私が思わずうなった、
11社の敏腕広報のみなさんの奮闘の成果を特別に公開します。

株式会社オアシスライフスタイルグループ

会社や自社商品が本当に好きだから熱い思いが自然とあふれる

春水堂を運営するオアシスティーラウンジの木川瑞季社長(左)と工藤さん。

会社概要・業務内容

水環境ビジネスを創業事業とし、1983年に台湾で創業した、タピオカミルクティー発祥の台湾カフェ「春水堂《チュンスイタン》」の日本での展開、スーツ型作業着「WWS」など衣食住の3事業を傘下に持つホールディングカンパニー。

広報体制

グループ全体の広報を統括しており、春水堂の飲食事業は工藤さん1名体制。アパレル事業は工藤さんを含め3名。

経営企画部　広報マネージャー 工藤芽《め》生《い》さん

大学卒業後、株式会社タカラトミーで5年間広報職に従事。その後、複数の会社で広報を経験した後、2019年4月に株式会社オアシスライフスタイルグループに転職。広報歴は15年。

会社の冠で仕事をしていたことに気付いてから

　これまで広報として複数の企業を経験してきました。1社目は玩具大手の株式会社タカラトミーです。すでにメディアリレーション（メディアとの関係性）が十分あり、新商品のプレスリリースを出せば、必ず紹介いただけていたので、記事にならないという心配をしたことがありませんでした。

　ところが、[1]小さな飲食系の会社に転職したところ、壁にぶつかりました。前職でやりとりをしていたメディアのみなさんに、「転職したので、よかったらまた取材してください」と話しても、まったく響かないのです。自分が会社の冠で仕事をしていたことに気付かされました。

　広報は私一人だったので、誰もノウハウは教えてくれません。そこで、北海道から沖縄まで全国のテレビ番組をインターネット上で調べて、片っ端から電話で売り込みました。

　また、毎日複数の新聞を読み、自社商品に関連づけられそうな記事をクリッピングするという作業を、その後も10年近く続けました。そこでがむしゃらに取り組んだことが、私の広報活動の礎をつくり、今も役立っています。

栗田のコメント

1　大手企業と中小・ベンチャー企業の広報はまるで違います。大手ではリリースを出せば記者は必ず読んでくれますし、向こうから取材にも来てくれます。でもベンチャーではそうはいきません。名の通った大手企業よりも取材価値があると思わせるためのさまざまな工夫と努力が必要なのです。
大手からベンチャーに転職し、成果を出せないまま辞めていく広報担当者も少なくありませんが、工藤さんのように「会社の冠で仕事をしていた」ことを自覚し、ただひたすら努力して、ベンチャーであっても通用する広報パーソンになりましょう。

重要なのは、誰よりも会社を好きであること

複数の会社で広報を経験して思うのは、「自分が誰よりも会社を好きであること」が何より重要だということです。さまざまなテクニックを駆使して売り込んだとしても、本気で好きだという思いがなければ相手には伝わりません。好きだからこそゼロから努力しようと思えます。

突き詰めれば、「その会社や商品に魅力を感じ、世の中に広めたいと本気で思えるか」という観点で、会社を選ぶことがベストです。

そうして2019年4月に入社したのが、オアシスライフスタイルグループです。グループの一つはタピオカミルクティー発祥の台湾カフェ「春水堂」を日本で営む企業で、知人だった現社長が声をかけてくれましたが、自分が好きになれるブランドなのか確認しないと返事はできないと思いました。

そこで、すぐに飛行機を予約し、台湾にある創業店舗や本店を見に行きました。現地で、茶葉やタピオカなどの素材に対するこだわりや、店舗の生け花をスタッフが自ら生け、空間までつくる本物志向に感激し、「新しいお茶の市場を日本に根付かせるブランドになれる」と思い入社したのです。

入社後は、仕事の日も休みの日も店に通い、自腹で商品を買っています。発行枚数に応じてランクアップしていくポイントカードは、もうすぐ最高クラスのブ

ラックカード。それほど春水堂が好きなので、広報活動にも自然と熱が入ります。記者やディレクターには、取材対象というだけで終わるのではなく、春水堂のファンになっていただきたい。

取材に来られた方々には、「試しに、うちのタピオカミルクティーを飲んでみてください」と召し上がっていただいています。そして、「いかがですか」とおたずねすると、多くの方が「甘ったるさがなくスッキリしている」とおっしゃいます。

そこで、タピオカミルクティーは本来お茶を味わうもので、使用するドリンクレシピは台湾とまったく同じだということや、無添加・無香料の茶葉で淹れたお茶、無添加で小粒のタピオカと、キビ砂糖のシロップを使っていること、高温でしっかり煮詰めた手作りのシロップを使うと、お茶の香りと味がバランス良く引き立つことなどをいつも話しています。

一時期、タピオカミルクティーのストローのゴミ問題が連日メディアで報じられたことがあり、弊社にもメディアから多数問い合わせがありました。

そのときも思ったことは、「批判的に見ている方もファンにしよう！」。立ち上げた業界団体で毎月ゴミ拾い活動をしていることを説明した上で、「ところで、当店のタピオカミルクティーを飲んでいただいたことはありますか？」「想像している味とまったく違うと思います。というのも……」「せっかくなので、一度、ご来店ください！」と猛烈に語っていました。

それが通じたのかどうかはわかりませんが、単なるネガティブニュースで終わることはありませんでした。

思いを綴ったプレスリリースが記者に響いた

店や商品に対する思いを伝えることは問題を乗り越える力にもなります。

そのことを実感したのが、2020年6月に渋谷マークシティ店を開店したときのことです。この新しい店は、タピオカミルクティーブームの次のステージである、お茶の幅広いアレンジを展開し、お茶カフェとしてのブランドを強化するための第一歩でしたが、新型コロナウイルスの影響で、飲食の広報活動も先行きが不透明になりました。

そんな不安が残るなか、感染拡大に十分気を付けながらメディア向けの試食会をおこないました。対面による長時間の説明が難しい状況で、どうすればメディアは関心を持ってくださるのか。

考えた結果、つくったのが、小冊子状になったプレスリリースです。1ページ目には「春水堂はコロナに負けない。チャレンジを止めない」という熱い思いを、1500字にもおよぶ長文で綴りました。[2] 普通ならば社長の名前を記すものですが、この思いをダイレクトに伝えたくて、あえて、このときは私の名前で語らせ

栗田のコメント

2 このメディア向け試食会で配られた小冊子ふうのリリースには、私も大いに心を動かされました。表紙をめくるとまず目に飛び込んできたのが、小さな文字でぎっしり書かれた工藤さんからの熱いメッセージ。

普通の報道用資料であれば、オープンするお店やメニューの情報、会社の歴史、社長からのごあいさつ文などがくるものです。いきなり冒頭で広報担当者が熱く語っている資料は見たことがありません。

本当にこの人は自分の会社のこと、店舗や商品のことが好きなのだということがひしひしと伝わってきます。

記者からしてみれば、目の前にいる広報担当者がこんなにも情

てもらいました。

すると、「あの文章に心を動かされました」と何人かの記者に言っていただき、日経ＭＪでも大きく取り上げられました。記事にはならなくても、ＳＮＳで告知してくれた方もいました。

この試みは同年7月にオープンした、京都木屋町店でもおこなっています。あいさつ文は地元に愛される店になってほしいと思い、地元出身の新任店長に書いてもらいました。こちらも、地元メディアに、店長の写真付きインタビュー記事で大きく掲載していただきました。

とはいえ、情熱だけではうまくいかない

ただ、会社や商品を好きで、熱い思いを持って仕事をするだけでは、広報の仕事はうまくいきません。「情熱」と「冷静」の共存が大切です。

たとえば、春水堂はタピオカミルクティーの発祥の店で、従業員もそのことを誇りに思っているのですが、入社当初は「当店を発祥だと知っている人はほぼいないし、こだわりも認知されていない」と感じていました。

このように、春水堂が世の中からどう見られているのかを冷静にとらえて、アプローチ方法を考えないと、魅力が伝わりません。また、客観的な視点を持って

熱を持って仕事をしているとわかれば、ついつい取材したくもなるでしょう。こうした読み手の感情に働きかける伝え方は、今後の主流になると私は感じています。

広報活動をしていると、会社の改善点が見えてきて、新しい制度などを提案できます。それがリリースのネタづくりにもつながります。

もう一つ、大切だと考えているのは、インナーコミュニケーションです。日ごろからさまざまな部署の社員とコミュニケーションを取ることで、取材やリリース作成に協力してもらえる体制づくりを心がけています。

部署を越えて食事に行くのはもちろんのこと、春水堂から発信する情報やメディアに取り上げられた内容は、グループ社員全員に「どのように紹介されたか」をこまめに社内SNSで伝えています。その積み重ねによって社員が自社に誇りを持てますし、協力も得やすくなると考えています。

社内の不満には丁寧な説明で答える

タピオカミルクティーの発祥の店である春水堂。

しかし、メディアの「中・高校生に人気のあるタピオカミルクティー」ランキングの上位には入らないことが多々あったそうです。

「スタッフに、なぜタピオカミルクティー発祥の春水堂が上位ではないのか？　と聞かれたときは、私自身もとても悔しかったです。しかし、若者向けの媒体だけに偏ったアプローチには力を入れていません。なぜなら、春水堂は台湾と同じように品質と空間を大事にしたお茶カフェとして幅広い年齢層に支持されることを目指しているからです。そういったことを社内で再確認し、どうして上位に選ばれないのかを全社員にきちんと伝える。そのように、目指す姿を見失わないことが、広報にとって大切だと考えています」

メディアの人と一緒に汗をかく。いい露出といい関係性はそこから生まれる

READYFOR 株式会社

右が大久保さん、代表取締役CEOの米良(めら)はるかさんと。

会社概要・業務内容

2011年３月に創業。日本初のクラウドファンディングサービスを運営。「誰もがやりたいことを実現できる世の中をつくる」をビジョンに掲げ、プロジェクト件数は累計１万6000件、180億円の資金を集めている。近年は、法人のSDGs推進をサポートする「READYFOR SDGs」も展開している。

広報体制

３名。コーポレートPR兼マネージャーである大久保さんのほか、サービス・プロジェクトPRが１名、アシスタントが１名。

PR室　マネージャー　**大久保彩乃**さん

大学在学中にREADYFOR株式会社のインターンを経験し、2015年に入社。プロジェクトに伴走するキュレーターや秘書業務を経験後、広報専任に。

ディレクターと一緒になって汗をかく

弊社が事業をスタートした2011年からの数年間は、クラウドファンディングに抵抗感を持つ人が少なくありませんでした。広報の私の役割は、認知度を上げること、その抵抗感を払拭すること。当初はまだインターン生で、広報について何もわかっていませんでしたが、思いつくことをスプレッドシートに書き出し、一つひとつ試しました。そのなかで私なりの方法をつかみました。

その方法とは、記者やディレクターと同じ目線に立ち、おもしろい記事や番組が実現できるよう、労を惜しまずにサポートすることです。

そのきっかけとなったのが、闘病経験から医学部に進んだ女子学生ランナーを応援するクラウドファンディングのプロジェクトです。

あるテレビ局の福井支局のディレクターから、その女子学生を取材したいと連絡がありました。すぐに私から彼女に取材を依頼したのですが、大会が近いということで断られてしまいました。ディレクターには似たプロジェクトで別の取材候補者を提案しましたが、どうしても彼女で、と言われてしまったのです。

彼女に迷惑をかけない形で、かつ、番組づくりにも貢献したい。そこで、彼女のプロジェクトに関わっているチームの監督や関係者に電話をかけて、彼女のスケジュールを把握。小さな大会に出場することがわかったのでディレクターと一緒にこの取材の意義についてしたためた手紙を渡しに行きました。その甲斐があって出演を承諾してくれたのです。

撮影の際には、「このタイミングでドラマがあると思うので、撮影したほうがいいと思います」などとテレビ局側に提案し、結果的にとても見ごたえのある番組になりました。

その後、そのディレクターは東京に転勤となり、今でもいろいろ相談に乗ってもらっています。一緒になって汗をかくことで、人間関係も築くことができました。[3]

リリースの代筆、記者会見の設定……PR会社のようにサポート

労を惜しまずサポートするのは、メディアにだけではありません。クラウドファンディングのプロジェクトの実行者もサポートします。

たとえば、ある医療機関がプロジェクトを立ち上げたときです。その病院は、メディア対応にあまり慣れていない状況でした。

医療機関のプロジェクトは過去に例が無く、なんとしてもメディア露出をして、モデルケースをつくりたいと考えました。そこで、私たちがプレスリリースを書

3　栗田のコメント

新聞や雑誌の記事も、テレビでの報道も、すべてメディアの方と広報とでより良いものをつくりあげていく共同作業です。無事に露出するまで困難があればあるほど、その絆は深まり、戦友のような関係になれるのです。そのときに自社の都合だけで押し付けたり、諦めたりしてはメディアの方との絆はつくれません。

読者や視聴者が参考になったり、感動したり、勇気づけられたりするには、どこを深掘りしたらいいのか、どんな表現で伝えればわかりやすいのか、そこまで考えることが大事なのです。そうして生まれた信頼関係は何年経っても続くものですので、大久保さんのように、記者や

き、記者会見をセッティング。個別取材では誰にインタビューすると効果的なのかなどのメディア向けの提案もまとめました。記者やディレクターへの橋渡しなど、いわばPR会社のようなサポートをしたのです。

その結果、多数のメディアに取り上げていただき、このプロジェクトは、目標額を大きく超える資金が集まりました。この事例が広く波及したことで、クラウドファンディングを利用する医療機関が増えていきました。

ディレクターと一緒になって汗をかくというのは本当に素晴らしいことですね。

プレスリリース300件を研究し、媒体ごとにアプローチ

2018年10月におこなった資金調達のときは、それまでの広報活動を大きく見直しました。当時、弊社は社会貢献のイメージが強く、ビジネスとしてのイメージが薄いことに課題を感じていました。それは人材採用にも影響があったため、この資金調達をきっかけに、ビジネス層への認知度を上げたいと考えたのです。

どのように伝えればイメージを進化させることができて、ビジネス層に情報が届くのか。そのために工夫したのが、プレスリリースです。

最初に取りかかったのがプレスリリースの研究でした。他社の資金調達や経営情報に関するプレスリリース300件をピックアップし、どのような内容が書かれているのか、リリース後にはどれくらいのメディアが取り上げていて、そのメディアにはどのように書かれているのかを調べました。

そして、最終的に良いと思ったSansan、freee、ビザスク、メルカリの4社のリリースを参考に、資金調達のリリースを書いたのです。[4] ビジネス界隈でも著名な方々が投資してくださるという今回のニュースバリューが伝わるように、写真撮影時には自社以外のスペースを借りたり、どのような並び順にするのかも決めました。

すると、ベンチャーキャピタルからのご紹介もあり、ビジネス系の複数のメディアで紹介していただけることになったのです。

更にここで工夫をしました。媒体ごとに提案内容や代表の米良はるかへのインタビュー内容を変えたのです。

資金調達という情報は同じものですが、たとえば、親交のあるA社には、米良が闘病から復帰し資金調達をおこなうまでの心境変化というストーリーをお伝えして記事にしてもらいました。B社には創業当時からつながりがあったので、これまでの弊社の歴史をからめた形で取り上げていただくことに。C社には、歴史だけではなく、これから考えていることを資料にしてご説明し、記事にしていた

4 栗田のコメント

他社のプレスリリースを研究して真似してみるというのは、広報になったばかりの人にはぜひお勧めしたいですね。

PRTIMESなどのリリース配信プラットフォームで調べればわかりますので、多くの人に読まれているリリースは何が違うのか、参考にしてみてください。

また、媒体の特性に応じて提案する内容や切り口を変えるというのも実にうまいやり方です。特に、ビジネス系のウェブメディアは各社各様の強みや特徴がありますので、それを理解したアプローチをすることが大切ですね。

だきました。提供する写真も媒体ごとに変えています。

結果、これまで出会えなかった方々に弊社を知っていただき、ビジネス層からの応募が4倍になりました。イメージを進化させることと、人材確保の両方を実現できたと思います。

代表がガンで闘病……そのときにおこなった広報とは？

広報活動は、入社したころからずっと代表の米良とディスカッションしながら進めてきました。大変なことも一緒に乗り越えてきましたが、「どうすればいいのか」と立ち止まってしまったことが一度だけあります。

それは、２０１７年7月、米良がガンの闘病で長期間休むことになったときです。治療に専念することになったのですが、広報の面でどう対応するのがベストなのか、公表するタイミングも伝える内容も判断がつきませんでした。そこで長らく大手企業などの広報をされている方にご相談することに。

「非上場の企業なので、会社から発表する必要はない。状況が落ち着いてから、米良さんが個人のブログで自分の言葉で語るのがいい」とのアドバイスに従い、すぐには公表せず、３カ月後の10月、米良の誕生日に公表しました。特に問題はなく、焦って発表しなくて良かった、と思いました。

メディアからの取材の際は、「米良がいなくて会社は大丈夫か」と思われないよう、米良の仕事を共同代表の樋浦がおこなっていること、サービスの数字が顕著に伸びていることを伝えました。代表が体調不良により長期離脱しても、会社としてサスティナブル（持続可能）な経営ができているという事実をしっかり伝える。こうしたことも広報の重要な仕事の一つだと感じた出来事です。

「成功パターン」がいつも成功するとは限らない

大学在学中から広報業務を担当し、経験を積んできた大久保さん。その経験から、成功パターンに自信を持っていましたが、それが裏目に出てしまったことがあったそうです。

「『記者会見をすれば、必ず人が来る』という過信から、メディアにご案内できる期間が4日しかないのに、ある大学との業務提携をする際に記者会見を開催。すると、記者が1名しか来なかったのです。いま考えると、開催しないという決断をするべきだった。開催時間も午後4時という集まりにくい時間を避けるべきでした。提携先の方には許していただきましたが……。できるなら、当時に戻ってやり直したいです」

株式会社ビビッドガーデン

全社員に広報視点を持ってもらうと「一人広報」が一人ではなくなる

左から2人目が下村さん。生産者のご夫妻、社員たちと。

会社概要・業務内容

2016年に創業。「生産者の“こだわり”が、正当に評価される世界へ」というビジョンのもと、全国3500軒以上の農家・漁師から直接食材や花などを購入できるオンライン直売所「食べチョク」を運営している。

広報体制

社員１名＋学生インターン２名。

広報 下村彩《さ》紀《き》子《こ》さん

学生時代から生命保険などの営業インターンに従事。新卒で人材・採用支援企業に営業担当として２年間、採用として２年半従事。2019年に株式会社ビビッドガーデンへ入社し、広報に。

ニュースバリューはあるか？　取材イメージから逆算する

生産者から直接食材を取り寄せられる産直ECサイト「食べチョク」を2017年8月より運営しています。登録生産者数やユーザー数も年々伸びてきていますが、まだまだ一般的な認知度は低いので、広報活動に力を入れています。

その結果、2020年は1700件以上のメディア露出ができ、登録生産者数も年初の650軒から年末には3300軒へ増えました。

広報専任者は私だけなので、多くのメディアに売り込む余裕がありません。プレスリリースでいかに興味を引けるかが大きな鍵を握ります。

リリースを書く上で心がけているのは、[5]「取材イメージから逆算して考えること」です。「弊社が、誰に何を伝え、どのような行動を取ってもらいたいか」を考えることも重要ですが、それ以前に、「取り上げる価値がある」とメディア担当者に思ってもらうことが必要不可欠です。

そこで大切にしているのが、リリースに「ストーリー」を載せることです。PRしたい企画の背景や目的、思いがないと、視聴者や読者が興味を持ちにくいので、取り上げてもらえません。

また、企画内容をわかりやすく伝えるために、できる限り、その企画の具体例をつくり、リリースに載せることも心がけています。

5 **栗田のコメント**

取材されるときのイメージを持ってリリースを書けば、おのずとメディア目線になり、興味を持たれやすいですよね。

さらに下村さんは、露出イメージまで考えているので、メディア選定、そこで伝えるメッセージ内容、それによる自社への反響に至るまで、しっかりコントロールできているのです。

ちなみに、調査リリースを出す場合も露出イメージからの逆算が必要です。

記事の見出しはどんなものにしたいか、その見出しを付けてもらうにはどういった調査結果が出ていればいいか、その結果を出すために必要な設問とは何か……。

そうやって設計すれば、取り上

ニュースバリューには、「新規性」「社会性」「唯一性」「影響性」「意外性」「人間性」「時事性」の七つがあると言われています。できれば、この中の二つ、あるいは少なくとも一つの要素を持った内容がニュースとして価値があると考え、どの要素を打ち出すかも意識しています。

新サービスのリリースを出す前に事例をつくる

以上の点を意識してリリースをつくったことでメディアに取り上げられた成功例の一つが、２０２０年7月の「ご近所出品」のリリースです。

これは複数の生産者が一つのグループとなって共同出品できるサービスです。これまでに寄せられていた、「単品の農作物を作っている生産者にとっては出品しづらい」「近所のおばあちゃんが作ったみかんも一緒に売りたい」という要望に応えたサービスだったので、多くの生産者の方々に知ってもらいたいと考えていました。ただ、ひと工夫しないと、メディアには取り上げてもらえないとも感じていたのです。

その対策として、サービスの名称を変更することが決まりました。当初は「グループ出品」という名称で企画が進んでいたのですが、どんな機能なのかピンとこないし、リリースを書いてもインパクトが小さいと感じていたためです。

げられやすい調査リリースになります。

そこで、私も企画に参加して、みんなと話し合い、イメージの湧きやすい「ご近所出品」という名称に変更することになったのです。

また、ストーリーをつくるために、リリースを出す前に、急いで実例をつくりました。[6] 事前にニーズがあると聞いていた生産者さんにお願いし、「ご近所出品」を利用してもらったのです。「ネットに不慣れな方も出品できる」ことを伝えるために、90歳の生産者さんにお願いしました。

こうしてできたリリースのタイトルが、「食べチョクがご近所さんと共同で出品できる『ご近所出品』を開始。ネットに不慣れな90歳の生産者でもネット販売が可能に！」。

すると、狙いどおり、興味を持ってもらえました。このリリースの内容そのままで、農業系メディアの「アグリメディア」や「マイナビ農業」に掲載されたのです。

2020年12月にスタートした「生産者非常事態サポート室」も、リリースにストーリーを載せることでメディアに取り上げられた例です。

このサポート室は、台風や大雨の自然災害の被害にあった生産者の販売をサポートするために、2019年10月から時機に応じて特設ページを設けたり、リアルタイムで状況を発信したりしていました。それを常設することにしたのです。自然災害やコロナだけではなく、盗難、気候変動など、生産者が危機に瀕する事

6 栗田のコメント

リリースを出す前に事例をつくっておくというのは非常に理にかなっています。「新サービスを始めました」ではなかなか記事にはなりません。し、「そのサービスの利用者が増えて具体的な事例ができたら来てください」と記者に言われることがしばしばあるからです。事例をつくるのが難しい場合は、仮想事例をつくって、たとえばこんなユーザーがこんな理由で使ってくれて、こう変わっていく、そんなシーンを想定しています、と聞く人がイメージしやすいよう具体的に語ってください。

態が増加し、多くのSOSが食べチョクに寄せられたためです。

しかし、ただ常設化したことを打ち出すだけでは、「なぜ?」というところが伝わりづらい。そこで、初めて開設したときの思いや、この1年間で生産者がいかに複数の非常事態に晒されたかということも伝えました。

すると、メディア側にとってはさまざまなストーリーの切り口が生まれます。結果的に、気候変動という観点で、野菜の価格が暴落していることを「スッキリ」(日本テレビ)で取り上げてもらうことができました。

このように、ストーリーをプレスリリースに盛り込める理由の一つは、私自身が生産者と直接やりとりをしていることです。時には訪問したり、電話で話したりしながら、なぜ農家になったのか、何に悩んでいるか、今後何をしたいのかとヒアリングすることで、何かをお願いできる関係ができますし、メディアへ売り込むヒントも得られます。

また、ユーザーイベントへも積極的に参加しています。日ごろ見ているメディアや個人ブログなども教えてもらうことで、自分とは違った属性の人たちの興味・関心を把握し、ユーザー理解へつなげています。

一人広報でも支えてもらえる体制をつくる

ただ、私一人の力は限界があります。弊社の広報活動は、社内の協力体制があるから成り立っているのです。

代表だけでなく、すべての社員が快く広報の仕事を行います。たとえば他のチームが主催するイベントがあると、広報用に写真を撮ってきてくれますし、生産者の取材前のやりとりをやってもらうこともあります。

単にお願いするだけでなく、日ごろから、広報の視点を持ってもらう取り組みもしています。

その一つが、他部署のメンバーと広報のネタを考える会。ここでは、どういう企画をどういうメディアに売り込むかを、30分程度、全員で考える会をおこないました。

それ以外にも、普段から広報として考えていること、悩んでいること、失敗したことを積極的に共有しています。一人広報なので、一人だけで完結させてしまうこともできますが、「今はこういったことに追われている」といった現状を共有することで、手伝ってもらえますし、ヒントをもらえます。

一方で、私自身も、他部署の中に参加していくようにしています。社内の情報を得るために社内チャットに使っているスラックではできるだけ多くのチャンネルに参加したり、他部署のミーティングにも参加したりしているのです。そうすれば、早い段階で企画を拾えますし、他部署の悩みにも寄り添うことができて、互いに助け合えると考えています。

食のサービス＝グルメ雑誌と決めつけない

「食べチョク」は食品購入のサービスですが、雑誌にアプローチする際には、グルメ雑誌ではなくファッション誌にアプローチするそうです。

「グルメ雑誌は数多くあり、一見、取り上げてもらうチャンスも多そうなのですが、食に特化した媒体だからこそ、掲載につなげるには『なぜ食べチョクなのか』という理由付けが必要です。それに対してファッション誌では小さなスペースではありますが、毎号継続して『ちょっと贅沢な食』や『こだわりのあるもの』といったテーマの連載などがあります。このようなテーマは食べチョクと親和性があり、紹介される余地があると考えています」

業界やジャンルに固執せず、親和性のあるメディアを、柔軟な視野で広く探すことが重要と言えそうです。

株式会社モノクロム

一度会った記者に確実に取材してもらうには「意味のある二度目」をつくる

左から2人目が下田さん。週末モデルのみなさんと。

会社概要・業務内容

2013年に創業。モデルを起用したい企業と、週末などの空いている時間を利用して複業としてモデル活動をしたい人とのマッチングサービス「週末モデル」を運営。2017年12月にサービスを開始し、2021年3月現在では登録モデル6000人、利用企業1500社に達している。

広報体制

広報チームは下田さんの1名体制。

広報室長 下田奈奈さん

新卒でクラウドソーシングサービスを手がける企業の広報に半年従事。その後別の企業へ転職し採用を担当。2018年に前任の広報から引き継ぐ形で株式会社モノクロムへ入社。広報歴は前職と合わせて3年。

交流イベントとオウンドメディアでユーザーを発掘

弊社では「週末モデル」という、複業でモデルをしたい方とモデルを探している企業のマッチング事業をおこなっています。私はサービスが開始したばかりの2018年当時から広報を務めていて、最初は登録者0からのスタートでした。

サービスの知名度を上げるためにはテレビが一番効果的だと考え、テレビ露出を目標に定めました。その結果、「マッコ会議」（日本テレビ）や「世界くらべてみたら」「グッとラック！」（いずれもTBS）などで紹介していただくことができ、登録者数が一気に増加しました。

テレビで取り上げられるために、まず取り組んだのは、ウェブメディアや新聞での露出を図ることです。実際、日本経済新聞の夕刊や日経MJなどで取り上げられると、その記事を見た番組制作会社からオファーがきました。

ウェブメディアや新聞で記事にしてもらうにはどのような準備をしておくのがよいか考え、まずは、さまざまなユーザーの事例を把握することを徹底しました。

どんな属性の人がユーザーとなり、モデルの仕事を獲得しているのか。そのユーザーはこれまでどのような人生を送っていて、これからどんなことをしたいと考えているのか。そうしたことを把握していれば、「こんな人はいませんか」とメディアから要望されたとき、すぐにお応えできます。

ユーザーを知るためには、次の二つのことから始めました。一つは、「週モ女子会」というモデルの育成と交流会を兼ねたイベントです。この場で、ユーザーとの交流を深めました。もう一つは、「週刊シュウモ」。実際に活動されているモデルさんや応募時の写真の撮り方を紹介するオウンドメディアです。私がユーザーにインタビューし、深いところまでお聞きしました。

記者をランチにお誘いし、その場でプレゼン

こうしてユーザーの事例をつかんだ上で、ウェブメディアや新聞にアプローチしました。

そのときに心がけていたのが、「記者と2回会う機会をつくる」[7]ことです。交流会などで1回会って話しただけでは、なかなか取り上げられません。そこでもう一度会う機会をつくっていただくのです。

具体的には、交流会や紹介の場で初めて記者とお目にかかったときには、サービスや会社の概要がさらっと伝わる程度の話だけをします。最初から企画をお話しするのではなくて「こういうネタがあるのですが、どうしたら記事になる可能性がありますか?」と伺います。

そのときにお聞きしたアドバイスをもとにして、「次回お会いするときに企画

栗田のコメント

7 私が開催しているマスコミ広報交流会では、一人の記者に対して多いときは10人くらいの広報が提案をします。そのなかから実際に取材・露出までこぎつけられるのはほんの一握り。でも下田さんは一度会った記者からかなり高確率で取材されていて、まさに狙った獲物は確実に仕留めるスナイパーのよう。これもひとえに、初対面では会社の話や売り込みをせず、雑談に徹し、2回目でしっかりその記者の関心に合わせた企画をつくって会うので、非常に的を射た提案ができているのです。なかなか自社が紹介されない広報さんは、初対面で「わが社のことを理解してください」と必死に説明するのですが、それは

を提案させてほしいです」とランチにお誘いするのです。

ランチのときは、後半の30分間に、用意した資料を元にしっかりとプレゼンします。資料づくりで心がけているのは、各メディアに合わせた内容にすることです。そのメディアの特性に合った記事の企画を考えた上で、それに沿ったモデルのタイプや新サービス、数字などをお伝えします。

こうして二度目には、具体的な提案をすることで、あらためて、どうすれば紹介していただけるか、助言をお願いするようにしました。

ちなみに、資料の各ページにはお渡しするメディアのロゴを入れます。このひと手間だけでも、オーダーメイドで企画をつくっていることが伝わります。

さらに、企画提案の際に必ずしているのは、どれくらいの確度で記事にしていただけるのか、それともまだ内容が不十分なのか、どんな要素があれば記事化につながるのか、を明確にお聞きすることです。

記者にとって記事にする・しないということは言いづらいことなので、有耶無《うやむ》耶《や》にされてしまいがちです。しかし、「聞いたら迷惑では？」と躊躇していたら、2回お会いする意味がありません。

ダメならダメと言ってもらったほうが、別のアプローチに変えたり、アプローチ自体を諦めることもできます。実際に、そのようなやりとりをすることで、記事化につながった例は多いと感じます。

逆効果。

そんなふうに売り込まれたら記者は興ざめしますし、もう一度会う機会はつくってもらえません。

下田さんは自分が話すよりも聞き役にまわって記者から情報を引き出したり、自分がなぜ今この会社にいるのか、といった自分と会社をつなげるストーリーを語ったりもしています。

目の前にいる記者の性格や興味関心事に合わせて次のチャンスをつくる仕掛けをいくつも施しているところが、結果的に望みどおりの露出をいくつも獲得している要因なのだと思います。

「記事にできるのかできないのかハッキリして！」と記者の逃げ道を潰していく姿には畏怖の念さえ覚えますが、これも優秀

決め手はプレスリリースの写真

ただ、コロナ禍では、記者に直接お会いすることが難しくなりました。そんななか、弊社では「リモフォト」という新サービスを始めました。モデルや撮影スタッフが一箇所に集まって撮影できないことに対応し、モデルが自宅で撮影して写真を納品するというリモートでの撮影サービスです。

リモフォトは、サービスの開始決定からリリースまであまり時間がなく、事前に記者へリークして記事にしてもらうという作戦を取ることができませんでした。しかし結果的に、「グッとラック！」や日経MJ、毎日新聞など複数のメディアで紹介してもらうことができました。

その決め手となったのはおそらく、プレスリリース用に私が撮影した写真です。「リモート撮影のイメージをうまく表現しよう」と限られた時間のなかで、自宅で8時間かけて撮影したのです。「グッとラック！」の担当者もその写真を見てくださったそうなので、写真にこだわったことで、サービスの内容を明確に伝えられたのではないかと思っています。プレスリリースで使用する写真の重要性を感じた出来事でした。

な広報パーソンだからなせる業ですね。

記者は一人だけじゃない

記者とお会いする際に、ランチではなく夜の時間帯を提案してくる男性記者もいました。私は一対一でお会いするのはランチの時間帯と決めているので、そういう場合はきっぱりとお断りしています。そこで無理をすると、仕事を頑張り続けられなくなると思うからです。[8]嫌な思いをしてまで一つのメディアや一人の記者にこだわる必要はないと思っています。

嫌な思いと言えば、以前お会いした記者に、「うちのメディアでは絶対に扱わない」と全否定されたことがあります。そのときは随分落ち込んで帰り道の駅のトイレで泣いてしまったことを憶えています。しかし、のちに同じメディアの別の記者に記事にしていただけたので、記者によって反応がまったく違うのだと驚きました。

一人の記者に否定的なことを言われても、チャンスがなくなるわけではありません。もし一人の記者からの反応が悪くても、ブラッシュアップしつつ、他の記者へも相談してみる。そうやって可能性を広げていくことが大切だと考えています。

栗田のコメント

8 「嫌な思いをしてまで一人の記者にこだわる必要はない」。まさにそのとおりです。

広報側にはどうしても「断ったらもう取り上げてもらえなくなるのでは」という恐怖心で誘いを断りきれない人がいますが、明確に拒否しなければいけません。

この会社は取り上げる価値がある、と思ってくれている記者ならば、拒否しても取り上げてくれます。そもそもそんな誘いはしないでしょう。

男性記者から女性広報へのセクハラ問題を解消するにはきっぱり拒絶することと、あくまでも仕事上の付き合いだけにすること、そして対等な立場で応対することです。

ユーザー目線に立ちつづける

下田さんはユーザーとの信頼関係づくりにも力を入れています。

「実は私も学生時代にモデルやタレント活動をしていた経験があり、日ごろから信頼関係を築く大切さを感じていました。ですので、時には私自身が『週木モデル』として活動し、ほかのユーザーと同じ目線に立って、モデルならではの悩みを聞いたり、アドバイスをしたりしています。今の時代、バラエティー番組に出るとSNSで中傷されることもありますが、それでもユーザーに出演いただけたのは、その信頼関係があったからだと思います。最近では、私のほうが、ユーザーのみなさんから励まされたりねぎらいの言葉をかけていただいたり、逆に助けられています」

記者から全否定されても気にすることはありません。同じ媒体社で同じ部署、同じ担当なのに、まったく考え方や着眼点が違う記者たちもいます。

下田さんの事例のように、A記者には却下されたけどB記者に話したらすぐ記事にしてくれたというケースは私も何度も経験しています。

一人がダメならまた別の記者へ。そうやって自社に興味を持ってくれる記者、自分と馬の合う記者を見つけていきましょう。

学校法人近畿大学

全教職員が広報員。メディアが「今欲しい識者」も一目で探せる

後列左から2番目が加藤さん。広報室のメンバーたちと。

会社概要・業務内容

「実学教育」と「人格の陶冶」を建学の精神に、1925年に設立。医学から芸術まで14学部48学科を擁し、総合大学として日本最大級。2020年度一般入試ののべ志願者数が7年連続日本一。世界で初めて完全養殖に成功した「近大マグロ」を始めとした先端研究でも知られる。2021年3月現在、附属幼稚園から大学院まで5万2000人が在籍。

広報体制

広報室は14人（派遣職員含む）。さらに奈良や広島などのキャンパスや附属中高などに、広報の兼任担当者が約140人いる。

広報室長 **加藤公代**さん

学校法人近畿大学入職後、学部事務部、人事部、入学センター等を経て、2013年から広報部課長。2017年4月から現職。

年間500本以上のプレスリリースを出せる理由は？

大学のブランド力を向上させ、固定化された大学の序列や偏差値にとらわれた大学選びの風潮を打破する。それが私たち広報室の使命です。2013年に広報室（旧・広報部）が新設されて以来、「全教職員が広報員」という考え方のもと、教職員が一丸となって、広報活動に携わっています。

その成果もあってか、2020年の日経BP社「大学ブランド・イメージ調査（2020-2021）」近畿編で初めて3位になりました。

イメージアップの要因は、なんといってもメディアの露出数が多いことだと思います。最近は毎年1500件以上の取材を受けています。

メディア露出が多い理由の一つは、「近大マグロ」のような、メディアに注目されるネタがたくさんあることですが、それだけに頼っていません。

まず実践しているのは、プレスリリースを積極的に出すことです。リリースの本数は、平成30（2018）年度は559本、新型コロナウイルスの影響を受けた令和2（2020）年度も2月時点で477本出しました。

9 それだけの数のプレスリリースを出せるのは、広報の兼任担当者が140人いるからです。広報室の職員は14人ですが、各キャンパスや各附属校にも置いている広報担当者たちが、ネタを掘り起こし、リリースの素案をつくっているのです。

9 **栗田のコメント**

兼任の広報担当者を140人も配置しているのは、大学はもちろん大企業でもそうそうないでしょう。これなら埋もれている広報ネタを見逃すことなく拾い上げることができそうです。

さらに兼任広報たちがリリースの素案もつくってくるとは、専任広報にとってはありがたい体制かと思います。

近畿大学ほどでないにしろ、社内の各事業部に兼任広報あるいは広報部との窓口担当を置いている会社はいくつかあります。

私もぐるなび時代にそのようなシステムをつくって、事業部内の兼任広報にネタ集めとリリース初稿の作成をお願いしていました。どういう話題が広報ネタになるのか、リリースはどんななかには、「これは記事になりにくい」という小ネタもありますが、ハードルを上げずに、なるべくリリースを出すようにしています。全国紙には載らなくても、全国紙の地方版や業界紙のウェブ版に載る可能性は十分にあるからです。実際に、そこから、他のメディアに広がっていくことも珍しくありません。

プロデュースから商品開発までおこなう

いくらリリースを出しても、単に概要を記すだけでは、メディアは興味を持ってくれません。そこで、リリースの素案を見て、広報担当者に書き方をアドバイスしています。それだけでなく、広報室のスタッフが協力して、ネタづくりをすることもあります。

その一例が、「近大マスク」です。2020年に理工学部で開発された透明のマスクで、大阪・ミナミの商店街に寄贈する予定でしたが、これだけではメディアに取り上げてもらえないと感じました。そこで、広報室のスタッフが、商店街の担当者との打ち合わせに同行して、「寄贈するイベントのときに、飲食店の店員さんが装着している写真が撮れるようにしたい」「飲食店は大阪人なら誰でも知っているお好み焼きのお店がいい」と交渉したのです。そうして話をつけた上で、寄贈イベントのリリースを打ったところ、全国紙やテレビなど多様なメディ

点に気をつけて書けばいいのかを何度もレクチャーし、回数を重ねることで精度を上げていきました。

また、売り上げやアクセス数にどう影響するのかなどその事業部にとってのメリットを明示し、兼任広報のモチベーションを保つことも意識しました。

そのように広報の協力者を社内につくると効率よく業務を進めることができます。

アで紹介されました。

ネタづくりということで言えば、2014年には、広報室のスタッフが新商品のアイデアを考え、実現にこぎつけたこともありました。これまで余っていた近大マグロの中骨を活用する方法を水産研究所と相談して考え、エースコックさんに、中骨を使ったカップラーメンの開発を持ちかけたのです。商品の販売は好調で、第3弾まで発売されるビッグプロジェクトとなりました。広報の枠にとらわれず、さまざまなことに挑戦しています。

記者クラブは活用する価値大！

プレスリリースの素案の質を上げるために、リリースのフォーマットを決めています。それに沿って作成すれば最低限必要な内容が載せられます。

また、定期的にそのフォーマットをブラッシュアップしています。他社のリリースも参考にしながら、記者の目に留まるように工夫しています。具体的には「内容のポイントを3つにまとめる」「写真を大きめに載せる」などによって、すべて読まなくても概要がわかるようにしました。また、リリースに関連する写真を自由にダウンロードできるサイトを設けて、QRコードでアクセスできるようにしました。記者に好評です。

こうして作成したプレスリリースを、さまざまな記者クラブを使って配っているのも、私たちの広報活動の特徴です。

大阪科学・大学記者クラブをはじめ、官公庁や市役所などの複数の記者クラブを利用していて、PRするテーマに合わせて、リリースを配信しています。たとえば近大マグロのような水産系のネタなら、水産庁の記者クラブを利用しています。クラブによってルールが違うのですが、記者と直接話せるクラブでは、リリースをまくだけでなく、きちんと説明しています。

記者クラブを使う会社は少なくなっているようですが、うまく活用すると、自分たちが露出したいメディアでの記事掲載につながりやすくなります。発行部数の少ない業界紙も多いですが、今はその記事がウェブ上で広がり、他紙への掲載にもつながるので、十分にメリットがあります。

「コメンテーターガイド」でメディア露出が増加

「取材に応じてくれる教授を紹介してほしい」。大学の広報は、メディア側からそんな相談をされることもあります。気軽に相談してもらえるようになれば、それだけメディア露出のチャンスが増えます。

[10]そこで2013年に作成したのが「コメンテーターガイド」です。教員の専門

10 栗田のコメント

みなさんの会社にも、メディアに取り上げてもらいたい社員がいたら、その社員を紹介する資料やリストをつくっておくことをお勧めします。

変わった経歴を持っている、今ならではの働き方をしている、おもしろい趣味や特技を持っているなど、メディアが興味を示しそうな社員をいつでも紹介できるようにしておきましょう。

また、自社のサービスを利用しているユーザーも取材の対象になることが多いので、「ユーザーガイド」の作成もお勧めします。サービスの説明をすると、記者からはよく「たとえばどんな人が使っているんですか」と聞かれるので、先回りして用意しておくのです。

分野やコメント可能なことなどが一目でわかるガイドブックで、記者の皆さんに配っています。ウェブ版もつくっていて、誰でも検索できるようにしています。

このガイドによって、関西圏のメディアには「近大に頼めば、誰か手配してくれるだろう」ということが浸透したようで、かなり問い合わせがあります。「こんな人、いませんか」と漠然とした相談を受けることが多いので、広報室でもこのガイドを使って、検索しています。

相談を受けたときは、スピード対応も心がけています。特にテレビは「今日取材したい」という急な依頼が少なくありません。可能な範囲内ですが、休日や夜間でも対応するようにしています。

近大の教員は取材に協力的な人が多く、助かっています。その要因としては、「全教職員が広報員」という方針があること。学内のさまざまな会議の場で、学長が「広報に協力してほしい」と一言加えてくれることも大きいと思います。私たちも会議に参加して、メディア露出状況の報告をこまめにしています。

独自の危機管理三カ条を徹底する

学生や教職員の不祥事が起きたときの対応も、広報の重要な役割です。近畿大学では、次の危機管理三カ条を心がけています。「隠さない」「ごまかさない」「素早く対応する」です。

「私たちが発表する前に報道されると、隠しているように思われてしまいます。発覚から短時間で発表の準備をするのはかなり大変ですが、できる限りすみやかに発表することを目指しています。

また、リリースを出すだけでなく、できるだけ記者会見をおこなうようにしています。想定問答集をつくることはもちろん、万が一のときのための模擬記者会見トレーニングもしています」

株式会社ワークマン

「おもしろく」が最優先。だから、恥ずかしい裏側も隠さない

中央が林さん。広報スタッフたちと。

会社概要・業務内容

1982年に設立。作業服・作業用品、アウトドア・スポーツ・レインウェアを販売する専門店フランチャイズ店舗の運営。2018年より、WORKMANに加え、カジュアルな作業服を扱う「WORKMAN Plus」、2020年10月には女性をターゲットとした「#ワークマン女子」をオープン。2021年１月現在、３業態合わせて、全国で902店舗を展開している。

広報体制

３名。2020年４月に立ち上げ。

営業企画部兼広報部　部長 林　知幸さん

新卒で株式会社ワークマンに入社後、フランチャイズ店舗をサポートするスーパーバイズ部、開発部を経て、営業企画部と広報部を兼務。広報歴は2年。

社内のダメ出し事件も、あえてありのまま書く

弊社が本格的に広報活動をするようになったのは、2018年からです。作業服の市場で強力な競合がいなかったことから、それまでは年に数回リリースを出す程度でした。しかし、市場が飽和状態になり、新たな市場の開拓を始めたことから、積極的に広報活動に取り組み始めたのです。その結果、19年は127件、20年は11月の時点で129件のテレビ番組に取り上げられました。

多くのメディアで紹介されるために意識しているのは、「どのような切り口だとおもしろい番組や記事になるか」、こちらでストーリーを考えて、プレスリリースを打つことです。

そのうち、最も反響が大きかったのは、2020年10月にオープンした新業態「#ワークマン女子」に関するプレスリリースです。このときは、過去最高の取材件数を記録し、20番組で露出。広告に換算すると10億円を超える結果となりました。

「ワークマン＋女子」という組み合わせだけでもインパクトはあったと思いますが、リリースでも仕掛けをしました。店舗情報やコンセプトだけではなく、このプロジェクトの実現過程で起きた「ダメ出し事件」についても記したのです。

その「事件」とは、#ワークマン女子の店内に「インスタ映えスポット」を設け

ることになったところから始まります。この企画は当初、私を含めた男性社員で考えていました。ところが、自信満々で女性社員にその内容を披露したところ、即、「そんなんじゃ、女性を呼び込めないですよ！」とダメ出しを食らってしまい……。企画メンバーを総入れ替えしたのです。

私にとっては恥ずかしい出来事でしたが、「メディアにとっては、ネタの一つになるのでは？」と思いつき、リリースで紹介したのです。すると、話題となり、内容がそのまま、「スッキリ」（日本テレビ）で取り上げられました。

プレスリリースにはポジティブで、整理された概要的な話だけを書くことが多いものですが、[11]メディアは裏側の生々しい話も求めています。特にテレビは、トラブル話を盛り込んだほうが緩急をよりはっきり見せられるので、そういった部分は撮りたいはず。ですから、隠すようなところもあえて表に出すようにしています。

賛否両論がありそうでも、果敢にチャレンジ

「日本人はライバル対決を好む」という国民性があるという話から着想を得て、[12]「他社とのライバル対決」という仕立てでプレスリリースを出したときも、大きな反響がありました。

11 栗田のコメント
メディアは企業が表に出す良い面よりも、むしろ裏側にある苦労話や失敗談のほうを求めています。うまくいかなかったことや想定外のアクシデントをそのまま発信することで、おいしいネタにもなりますし、その企業の誠実さが伝わり、印象が良くなることもあるのです。

12 栗田のコメント
実は似たような事例があります。2015年、大手コーヒーチェーン「スターバックス（スタバ）」が47都道府県で唯一出店のなかった鳥取県に進出した際、その前年にオープンしていた地元の喫茶店「すなば珈琲」を心配する書き込みがネットをにぎわせました。

これは、2019年3月に「WORKMAN Plus ららぽーと甲子園店」がオープンしたときの話です。

「オープンします」というだけでは、なかなかメディアは関心を持ってくれません。そこで他社を巻き込み、「ライバル対決」のストーリーをつくりました。ライバル役は、フランスのスポーツ用品メーカーであるデカトロン社。ちょうど同じ3月に、ららぽーと甲子園から約3キロと近い阪急西宮ガーデンズに日本1号店をオープンすると知り、顔見知りだったデカトロン社の開発担当者と相談した上で、「西宮戦争」と銘を打って、リリースを出したのです。

デカトロン社は、当時、日本での認知度は低かったものの、世界的に見ると弊社より圧倒的に大きな企業です。「日本の小さな企業が海外からやってくる大きな企業に立ち向かう」というストーリーでリリースを書き、露出を増やそうと考えたのです。

すると、狙った形で複数のメディアが取り上げてくださいました。このリリースの成果もあってか、18年の日経トレンディのヒット予測ではデカトロン社とともに1位を獲得。翌19年にはヒット商品で1位を獲得し、日経トレンディ史上初となる2年連続受賞となりました。

ちなみに、このプレスリリースは出した後に賛否両論がありました。「戦争」という言葉を使ったことにより、一部のメディアには「企業のリリースとしては

そこで当の「すなば珈琲」は、大手チェーンが地方の小さな店を廃業に追い込むかもしれないという多くの人が描いたストーリーを巧みに取り入れて「大ピンチキャンペーン」を展開したのです。

スタバ進出を黒船襲来になぞらえ、うまく対立構造をつくり出して話題化を図りました。

毎日先着30名にマグカップをプレゼント、スタバのレシート提示でコーヒー半額、スタバのコーヒーよりまずかったと言うお客さまにはコーヒー代金を無料にする……などのサービスを行い、結果的には連日100人以上の入店待ちの列ができ、売り上げは普段の4倍を達成。自虐とも思える大ピンチキャンペーンが功を奏したのです。

過激だ」と批判的な記事を書かれてしまったのです。

しかし、攻めた方法を採れば、否定的な意見をいただくことは避けられないものです。慎重になりすぎると、何もできません。他社を貶めるのはいけませんが、お互いにとってプラスになると予想したなら、思い切ったリリースにチャレンジしても良いのではないかと思います。


ライバル対決の構図はメディアの得意技ですから、新興勢力と旧勢力の対立構造などを意識してPRに活用してみるのもいいでしょう。

なぜ新製品のリリースは出さないのか

2019年から開催している「過酷ファッションショー」のリリースでも、メディアの目を引く工夫をしています。

過酷ファッションショーは、強風に吹かれたり、雨に晒されたり、雪が降ったり、という環境を屋内につくり、ワークマン製品を着たモデルがその機能性をアピールするショーです。20年10月に実施した第2回では、ボルダリングやスポーツ・エンタテインメントの「SASUKE」(TBS系)のような障害物を設けたり、ランウェイの一部を凍結させたりするなど、さらに過酷なものになりました。ネーミングや内容だけでもキャッチーだと思いますが、さらに私たちは、番組で取り上げられる可能性が高まるであろう仕掛けを考えたのです。

ショーでは水を使っているため、普通の考え方なら、会社としては水がかからない対策をするところですが、あえてイルカショーのように「水がかかるかもしれない」演出をしたのです。リリースでも「観客席の前列では多少水や雪がかかる場合もありますので、ご容赦願います」と強調しておきました。

すると、それが受けて、メディア側から「水をかぶる席はどこですか？」と問い合わせをいただいたのです。また、テレビ局の方は水がかぶっても問題ないようにカメラに防水対策をして来てくださいました。遊び心を持って企画をつくると、リリースの反応は全然違うと感じた経験でした。

ここ数年、リリースに工夫をしている弊社ですが、実は新製品のリリースは出したことがありません。なぜなら、自発的に製品の紹介をしてくれる方々がいるからです。弊社では、「アンバサダー・マーケティング」という手法をとり、その方々に情報発信をお任せしています（コラム参照）。それだけで十分だと考えているのです。

「しなくても良いことは何か」を考えることも、広報を担当する上で重要な要素かもしれません。

効果を実感する「アンバサダー・マーケティング」

「アンバサダー・マーケティング」を始めたのは2019年。ブログやSNS、ユーチューブでワークマン製品を自発的に紹介している人をスカウトし、無償で広告塔のような活動をしてもらう「アンバサダー」として新製品のモニターをお願いしたり、新製品発表会に招待したりしています。

「以前から、女性のお客様が男性ものの商品を着こなして、SNSにアップしてくれていたので、製品開発や販売促進に携わってもらえたらと考えたのです。この取り組みを始めてみると、アンバサダーが携わった製品が発売から1~2週間で完売になるなど売り上げアップにつながり、広告費の大幅削減に成功しました。アンバサダーの方々にとっても閲覧数や視聴回数アップという効果があり、フォロワーが増加したそうです。『製品開発に携わることも貴重な経験』と言ってくださいます。お互いにメリットがある関係が築けています」。

ランサーズ株式会社

メディア露出のキモは固めない企画提案

左から2人目が潮田さん。右隣はCEOの秋好陽介さん。

会社概要・業務内容

2008年に創業。仕事を依頼したい企業と仕事を探しているフリーランスをマッチングする、お仕事マッチングプラットフォーム「ランサーズ」を運営。登録者は115万人に達している。現在は専任アドバイザーが要件に合わせて人材を紹介する「ランサーズプロ」や、秘書、営業などの業務をまとめてチームに依頼できる「ランサーズアシスタント」など、サービスを拡充している。

広報体制

広報チームは３名。企業広報とサービス広報に１名ずつメンバーがいる。

経営企画室　広報チーム　マネージャー　潮田沙弥さん

大学卒業後、人材会社で4年間営業職に従事。2013年にランサーズ株式会社に転職し、未経験で広報部を立ち上げて、広報専任に。広報歴は8年。

「ガイアの夜明け」に100人の出演候補を提案

今でこそ、クラウドソーシングは市民権を得つつありますが、私がランサーズの広報になった2013年当時は、まだ「怪しい」というイメージを持つ人が少なくありませんでした。そのイメージを払拭するためには、メディア露出が有効なのではと考えました。

そこではじめたのが、メディアへの売り込みです。社会的な背景を踏まえた上で弊社の紹介につながりそうな企画を考えます。そして、諦めずにアプローチし続けていると、成果が出はじめたのです。

なかでも大きかったのは、2017年5月に、「ガイアの夜明け」(テレビ東京)に取り上げていただいたことです。

きっかけは、番組担当ディレクターに「人生100年時代の生き方」という企画を提案したこと。

当時は、リンダ・グラットンさんとアンドリュー・スコットさんの著書『LIFE SHIFT(ライフシフト)――100年時代の人生戦略』(東洋経済新報社)や政府の働き方改革などの影響で、このテーマが注目を集めていました。弊社の事業がこれにピッタリ合うことから、何か企画提案に落とし込めないかと考えたのです。

そこで活用したのが、これまでランサーズに登録しているフリーランサーの生き方をインタビューした、オウンドメディアの記事です。その記事から１００人分を抜粋し、ＰＤＦにまとめて、「この人たちを、人生１００年時代のロールモデルとして紹介してはどうか」と提案しました。テレビに出演できる人の候補をこちらから提示したわけです。

すると、「ちょうど人生１００年時代をテーマにした特集がやりたかった」と採用されたのです。

より広報効果を高めるため、「その放送日に合わせて、新規事業の記者発表会ができないか」と社内の関連部署に働きかけました。社内の協力を得られたことで、新規事業の広報効果は大きくなり、放送直後にサーバーがパンクしそうになるほどアクセスが殺到。登録者数が一気に増えました。

後日、事業部の社員からも「テレビに出たことで、怪しいコミュニティーではない、という信頼感につながった」と声を掛けられ、手応えを感じました。

「ガイアの夜明け」に出たことは、大きな副産物をもたらしました。この放送を見た『LIFE SHIFT』の出版元である東洋経済新報社から連絡をいただき、この本をテーマにしたイベントを共催することになったのです。イベントの模様は、後日、『週刊東洋経済』や「東洋経済オンライン」で記事化され、反響を呼びました。東洋経済とはその後も『LIFE SHIFT』の超訳版の制作にご協力するなど、関係が続いています。

あえて細部まで企画を詰めない理由

メディアに企画を売り込んだとき、そのまま通るとは限りません。「そのテーマだと通らない」と言われるほうが多いと思います。そこで諦めてしまうと、なかなか露出に結びつきません。

そこで、私たちは、[13]ガチガチに細部まで詰めた企画ではなく、まだ固まっていない原案段階の企画を持っていくようにしています。それをたたき台に、メディアの担当者と相談しながら、企画をつくり上げるのです。

その一例が、2019年に立ち上げた「新しい働き方LAB」を、「ワールドビジネスサテライト」（テレビ東京）で取り上げていただいたことです。

新しい働き方LABは、全国の地域ごとにフリーランスのコミュニティーをつくり、フリーランスの方がリーダーとなって、フリーランスに必要な知識を学べる勉強会やイベントなどを開催するという取り組みです。

当初は、このLABと絡めて、「これから広がるフリーランスの働き方」という企画を売り込みましたが、「そのテーマは過去に何回か取り上げている」と却下されてしまいました。そこで、当時話題になっていた「副業を解禁する企業の増加」と関連して、「副業」という切り口を提案したところ、ご紹介いただけることになったのです。

13 栗田のコメント

第3章の「100％の企画は持っていかない」でもお伝えしたとおり、メディア側が想像力を膨らませ、〝自分の企画〟にできるよう余白を残しておくのも必要なことです。ディレクターが逆提案してくれて、そのとおりイベント内容自体を変更してしまえば、そのディレクターはもう引っ込みがつかなくなって、必死に企画を通してくれるでしょう。メディアの要望に応えた企画に変更できるよう、あえて未完成にしておくという、策士の潮田さんらしい成功事例ですね。

このときは、当初から、放送に合わせて1000人規模のフリーランスの方々を集めたイベントを予定していたのですが、イベントの内容や登壇者は放送内容が決まるまでは固めませんでした。固めてしまうと、社内の関係部署に変更をお願いしなければいけなくなるからです。固めないことで、企画のテーマ変更にも柔軟に対応できました。

このように、テレビで放送される内容が決まってから、その内容に合わせたイベントをつくるという方法は、他のメディアへの売り込みにも使っています。結果、NHKやテレビ朝日での露出につながりました。

大反響があっても、ターゲットを間違えると、マイナス

ただ、原案段階でメディアの方に相談するといっても、「誰に何を伝えたいのか」というターゲットとメッセージだけはきちんと社内ですり合わせています。それがあいまいなまま、メディアに売り込んで失敗したことがあるからです。

2016年に、主婦層の視聴者がメインのテレビ番組で、「主婦の新しい副業」という切り口で取り上げていただいたときのことです。ケタ違いの反響があり、登録者が一気に増えたのですが、落とし穴がありました。パソコンを使えない主婦の方が多く登録したことで、「私ができる仕事がないじゃないか」とクレームが

来たり、高齢の方から「登録の仕方がわからない」と電話が殺到したりしたのです。結果、カスタマーサポートのスタッフに大きな負担をかけてしまいました。

ここで得た教訓は、「ターゲットが異なった露出をすると、かえってマイナスになること」[14]。以後、強く意識しています。

目に見えない行動こそ数値化する

近年は、クラウドソーシング業界全体の健全化を図るために、ガバメント・リレーションズ（GR）にも力を入れています。具体的には、業界団体を運営し、経済同友会に参画することで、同業他社はもちろん、政府や自治体、団体などとの意見交換をおこなっています。

GRの効果は、なかなか目に見えにくいので、活動もあいまいになりがちですし、広報の成果を査定する役員も評価ができません。

そこで、弊社では、GR活動をスコアリングしています。たとえば、政府や自治体などのキーマンをリストアップし、そのキーマンと「名刺交換をしたのか」「意見交換したのか」などを数値目標にしたのです。こうしたことで、GRの達成度が測れるようになりました。

広報の活動は目に見えにくく、周囲から評価されないケースも多くあります。

栗田のコメント

14 メディアに露出したことが逆にマイナスになるというケースもしばしばあります。テレビの人気番組のように影響力が大きな媒体なら、なおさら注意が必要です。

まずその番組を見ているのは（その記事を読んでいるのは）どんな人なのか。その番組（記事）の中でどのようなメッセージを伝えることができるのか。つまり「伝えたいメッセージが伝えたい人たちにちゃんと伝えられるか」を吟味してから出演（取材）可否を判断するといいですね。

その露出が会社のブランドイメージ、売り上げ、ユーザー登録などにどれくらい影響が出るのかも想定しておきましょう。

きちんと評価されるには、できるだけ行動を数値化することが大切だと思います。

他の企業との掛け持ちで思考のマンネリ化を防ぐ

潮田さんは現在、第2子を出産され、育休中。その期間を使って、他のスタートアップで広報活動のお手伝いやアドバイスをしているそうです。

「理由は、ランサーズの仕事に新しいアイデアを取り入れるためです。広報業務を7年間おこなってきたことで、業務に慣れましたが、アイデアがマンネリ化していると感じていました。そこから脱却するには、いったんランサーズからの情報をゼロにして、新しい情報をインプットすることが必要ではないか、と考えたのです。まだそれほど経っていませんが、頭がリセットされたと感じています」

外の空気を吸うことも重要なのかもしれません。

株式会社船橋屋

出演したい番組は徹底研究。新商品がなくても別の流行に絡めて話題に

左から渡辺雅司社長、月岡さん、初代広報の坂本麗子さん。

会社概要・業務内容

1805年創業。関東圏を中心に25店舗を展開する。一番人気は、450日発酵させて消費期限2日という「くず餅」。姉妹ブランド船橋屋こよみ限定の「くず餅プリン」も幅広い層から人気を得ている。また、船橋屋のくず餅から発見されたくず餅乳酸菌を使った「くず餅乳酸菌カプセル」を発売。老舗ながら新たな取り組みにも挑戦しつづけることで、新卒学生からのエントリーはピーク時に1万人を超え、その組織づくりにも注目が集まる。

広報体制

1名体制。

広報担当 月岡紋萌《あやめ》さん

2019年に大学卒業後、株式会社船橋屋に入社。販売職に従事した後、20年1月より広報担当。広報歴は1年3カ月。

社長を番組打ち合わせに同席させて大成功

江戸時代から続く「くず餅」という文化を、多くの人に伝えること。これが私たちの広報活動の原点であり、目標です。例年、200件超の露出件数を目指し、2020年は上半期だけで142件の露出につながりました。

200という件数を掲げてはいますが、数よりも大切にしていることがあります。それは、どのようなメディアに、どのような形で取り上げてもらったら、船橋屋の良さが伝わるのかということ。そのため、メディアを研究することを重要視しています。

なかでも、「カンブリア宮殿」（テレビ東京）は社長が出演を熱望していたので、研究には力を入れました。当時は私の前任者である篠原優奈が担当していたのですが、まずは、過去に登場した企業がどのような構成で取り上げられているのかを徹底的に研究しました。テレビ番組は、視聴者を飽きさせないようにするために、多くの場面展開を必要とします。特に信玄餅の「桔梗屋《ききょうや》」の回は、何度も視聴しました。そして、最低でも構成には8場面が必要だとわかったのです。

そこで、自社でも8場面を入れた企画書を作成し、番組に提案しました。すぐには取り上げられませんでしたが、1年後に「カンブリア宮殿」を担当する別の制作会社のディレクターから「出演候補として挙がっている」と連絡がありました。

そこで、以前に作成した企画書に、さらに4場面ほど追加し、くず餅の原料となるでんぷんを発酵処理する沖縄の工場、和と洋を融合させたスイーツを提供する店舗「船橋屋こよみ」、組織改革の内容や新卒学生が毎年1万人以上エントリーすること、くず餅乳酸菌の研究についてなど、合計12場面を盛り込んだ企画書を提出しました。[15]

また、ディレクターとの事前打ち合わせには、社長にも参加してもらい、お客さまや従業員への思いを直接伝えてもらいました。「カンブリア宮殿」は、社長がMCの村上龍さん、小池栄子さんとトークをするので、社長の人柄や話し方、経営観などを本人から伝えたほうが、番組側もゴーサインを出しやすいのではないかと考えたのです。その打ち合わせから1週間後、出演が決まりました。

「カンブリア宮殿」の出演は、大きな成果を生みました。店舗での売り上げは前年比で300%、通販は1000%を記録。また、書籍の出版にもつながったのです。

「西郷《せご》どん」と絡めて、NHKでの露出に成功

船橋屋はくず餅を中心とした商品展開ですので、新商品というのは多くありま

栗田のコメント

15 チャンスは突然やってくる。これも広報ではよくあること。大事なのは、いつそのときが来てもいいように準備をしていることです。

カンブリア宮殿から話があったのは突然でしたが、用意していた企画書に追加情報を載せてすぐに提出したのが採用の決め手になったはず。一からつくっていたらきっと機を逃していたでしょう。

また、ディレクターとの打ち合わせに社長を同席させたのもよかった。社長がちゃんと自分の言葉で語ることができて、初対面の番組MCたちともしっかりコミュニケーションが取れるというのは、同番組の特性上とても重要なこと。

せん。そのため、露出を増やすことについては難しい面があります。

そこで、既存の商品をどれだけ世の中の流れに乗せてアピールするかを意識しています。世の中の出来事やトレンドなどをメディアやＳＮＳでチェックしながら、「世の中の流れと、自社商品やサービスを掛け合わせられないか？」とイメージをふくらませるのです。

メディア露出につながった一例が、２０１８年のＮＨＫ大河ドラマが「西郷どん」に決まったときのことです。こちらも前任・篠原のときでしたが、２００２年に西郷隆盛のお孫さんから船橋屋に届いた「祖父（西郷隆盛）がくず餅を好物としていた」という1通の手紙のことを思い出し、「西郷どん」の放送開始に合わせて取り上げてもらえるよう、企画書をＮＨＫに持ち込みました。[16]

すると、「ニュースシブ　５時」で、大河ドラマがスタートした翌週に船橋屋亀戸本店からの生中継が実現したのです。社長も出演し、西郷隆盛が愛した弊社のくず餅も大々的にご紹介いただきました。このほか、西郷隆盛を特集した雑誌の露出にもつながりました。

取り上げていただけたのは、企画を持ち込んだタイミングも良かったのでしょう。タイミングを逃さないことも重要だと思います。

社長が人柄も含めてどんな人なのか知っていれば、ディレクターも安心して社内の企画会議で推薦できます。番組をよく理解しているからこそ打てた一手でしたね。

16　栗田のコメント

世の中のトレンドを常に意識しアンテナを張っているからこそ気付けたネタですね。

ＮＨＫ大河ドラマというのは単なるテレビ番組の一つではなく、この番組じたいが時流です。その年の主人公は〝時の人〟となり、舞台となる地域も撮影地としてにぎわいます。「西郷どん」のときも放送前にディレクターにアプローチし、企画書に加えて西郷隆盛のお孫さんからの手紙をコピーして持参していまし

商品をありありとイメージできる言葉を選ぶ

2020年夏、新型コロナウイルスの影響により、家で過ごす時間が増えたことから「宅配かき氷」を発売しました。毎年夏の主力商品として店頭販売をしていたかき氷を、さらに独自製法でふわふわに仕上げ、特製シロップとともに冷凍でお届けする通販限定の商品です。

例年なら、店頭でのアピールや新たなメディアへのアプローチもできるのですが、コロナ禍ということから、あまり大きな動きはできませんでした。そんななかで何か工夫できることはないか考えた結果、ニュースリリースで「ふわふわかき氷をご自宅に配達」とアピールすることにしたのです。

すると、「ふわふわなかき氷はイメージできるけれど、どのように自宅に届くのか？」とメディアに興味を持ってもらえました。[17]「めざましテレビ」(フジテレビ)や「ZIP！」(日本テレビ)、「日経MJ」や「マイナビニュース」など短期間で14件の露出につながりました。届いてから食べるまでを詳しく説明してくださった番組もあり、とてもありがたかったです。

多くの露出につながったのは、「ふわふわかき氷」というネーミングが興味を引いたからだと思います。ただ単に「かき氷が届く」だけだったら、ここまで取り上げてもらえなかったでしょう。この例に限らず、リリースを書くときには、メ

た。達筆すぎて読めませんでしたが、それがまたリアルで歴史の重みを感じました。

船橋屋の広報は、初代の坂本さんから四代目の月岡さんに至るまで、みなさん常にトレンドを意識し自社との共通点を探るい癖がついています。その思考があるからこそ〝広報脳〟が活性化され、トレンドに敏感かつ企画力のある広報パーソンになれるのです。

17 栗田のコメント

メディアはギャップが大好物。ふわふわなかき氷がそのまま自宅に届くと聞いたら「え、溶けないの？」「冷凍で氷が届いて自分で削るんじゃないの？」と常識とのギャップにおもしろみを感じるものです。

ディアやその先にいるお客さまが目の前に商品をありありとイメージできる言葉を選ぶことを、常に意識するようにしています。

「中の人」で得たことを広報活動に活かす

月岡さんは現在、ツイッター公式アカウントの「中の人」も担当されています。

「ツイッターはコミュニティーづくりを目的に運用しています。ツイートの内容は宣伝の要素だけにならないよう工夫し、船橋屋のファンの一人という立ち位置で気軽に話しかけてもらえるような内容を意識しています。コミュニケーションすることを大切にし、コメントはほぼすべてお返ししています。最近では、『くずもちくん』というオリジナルキャラクターが人気を集めたり、『中の人』としての取材依頼をいただいたりと、新たな動きも出てきました」

ツイッター運用で得たことを、広報活動で生かすという良い循環も生まれているようです。

実はこの削った氷をふわふわの状態で宅配する技術は10年ほど前に船橋屋が自社で開発したそうです。それがコロナの感染拡大で外出を控える人が多くなり、自宅でもふわふわなかき氷が食べたいというお客さまの声を聞き、くず餅乳酸菌やオリゴ糖を配合しバージョンアップして始めたものなのです。そんな裏側にあるストーリーもおもしろくてメディア受けしますよね。

ななし株式会社

社長・社内との信頼関係が創る すごい「画」で同業大手に勝つ

左から代表の小山力也さん、土橋さん、上司の小川紀暁さん。

会社概要・業務内容

2019年9月、クローバーラボ株式会社から分社化し、設立。2017年6月にスタートしたブランド腕時計レンタルのサブスクリプションサービス「KARITOKE」を企画・運営。50ブランド1300種類の中から気になるブランド腕時計を月額3980円（税抜）～で借りられ、毎月違う時計に交換できる。利用者は2万4000人超（2020年6月現在）。また、マルイとの協業によりネットだけでなく、試着してからレンタルすることができるリアル店舗も展開。

広報体制

土橋さん1名のみ。採用や労務なども兼務している。

広報／採用担当 土橋《どばし》花梨さん

大学を卒業後、ホテルに就職。2016年にクローバーラボ株式会社に入社し、半年後、未経験で広報・採用・労務業務担当に。広報歴は4年。

雑談やメールの数行PRが、のちの露出に

弊社は、ブランド腕時計レンタルのサブスクリプションサービス（サブスク）を手がける大阪のベンチャー企業です。サービスを開始した2017年はまだサブスクが一般的でなかった上、弊社自体も無名だったので、単にプレスリリースを出すだけではメディアに取り上げられないと考えました。

そこでおこなったのが、東京のメディアに直接売り込むことです。他社の広報さんの力もお借りしてアポを取り、月1～2回出張し、1日3～5社訪問しました。それを半年ほど続けた結果、日本経済新聞などで記事にしていただき、そこから他のメディアにも広がっていきました。

ただ、記事の掲載後、それっきりになっては、せっかく得たメディアとのつながりを失ってしまいます。

そこで心がけていたのは、記者の方の負担にならない方法で、こちらの情報をできるだけ伝えることです。たとえば、[18]取材の撮影中に、社長の苦労話やサービスの裏話について雑談をしたり、要件をメールする際、文末に次のサービス展開を1～2行書いたりしていました。

すると、それが実を結びました。2019年6月に「先日お聞きした社長の話を日経MJで取り上げさせてほしい」と記者から取材依頼があり、「トップに聞

18 栗田のコメント

記者はリリースネタやつくり込まれた企画より、何気ない雑談の中から取材ネタを見つけようとしています。取材時の空いた時間や記者と移動するときなどは、そういえばこんなことがあるんですよ、とリリースにはできないようなちょっとした話題を話してみると、意外にも興味を持ってもらえたり取材につながったりするものです。

く」という編集長インタビューの記事で、紙面の3分の2ほどの大きさで載せていただいたのです。

ほかにもメールに数行書いたことをきっかけに、メディア露出につながったこともありました。メディアの方は忙しいので、「頭の隅に残ってくれれば」と軽くお伝えするだけなのですが、それでも効果はあります。

メディアが求める「画」を用意する

もう一つ、メディア対応をする上で心がけているのは、取材のお声がけがあったときには、掲載時のイメージを想定して、[19]メディアが求める「画」を準備することです。

その一つが、2019年12月に、産経新聞で「ユニークな忘年会をしている企業」として取り上げられた例です。子育て中の社員が増えていたことから始めたお酒なしのランチ忘年会をご紹介くださることになったのですが、そのときすでに忘年会は終わっていて、自分たちの記念写真として撮ってあった写真は、あまり良くありませんでした。しかし、写真付きで掲載されれば、PR効果は大きくなります。

そこで私は、掲載日が迫っているなかで、「もう一度、忘年会を開催したい」と

栗田のコメント

19 一つのテーマで複数社が取り上げられる傾向記事では、どうしても名の通った大手企業が主語となり、詳しく紹介されることになります。

それをベンチャー企業が覆して主語になったり見出しに社名を入れてもらうことは非常に難しいのですが、写真なら一発逆転が可能です。

前述の産経新聞の場合も後日記者に聞いたら、もともと掲載を予定していた大手企業の写真より、土橋さんから送られてきた写真のほうが良かったので、そちらを採用したとのことでした。記事の内容を描写するような写真は、小が大に勝つ逆転の一打となり得ます。常にメディアが好む写真を提供できるよう心が

上司を説得したのです。その時点では、記事に載るかどうかはわからなかったのですが、それでも「載ります」と断言しました。

カラーで載ったときのために、ジュースで乾杯していることがわかるように、透明のコップを用意。写真は社員の表情と、テーブルに置いてある料理や飲み物がわかるように撮影しました。

結果、弊社が提供した写真だけがカラーで大きく掲載され、認知度アップにつながりました。できることを精いっぱいやったかいがありました。

このように、メディアの方からは突然連絡が入ることが多いので、最近はいつでも渡せる企画書を用意しています。ポイントは、たくさんのシーンを撮影できることがわかるよう、複数の写真を載せること。特にテレビの場合は、どんな「画」が撮影できるのかを必ず聞かれます。

そのうえで、その番組に合わせた企画書にどれだけ早くつくり替えられるか。2018年8月に放送された「がっちりマンデー!!」（TBS）では、打診されたときに取り扱いブランド数や利用者数などの数字を聞かれたので、最新のデータを盛り込み、連絡をいただいてから1時間以内にお送りしました。その結果、正式に紹介が決まったのです。

ちなみに企画書には「土日祝日でも電話に出られます」と書いていました。テレビの場合は連絡がつきやすいこともポイントになるようです。

けてください。
それにしても、写真を撮り直すために、終わった忘年会をもう一度開催してもらうというのは、土橋さんが社内でどれだけ信頼されているかがよくわかるエピソードですね。

地方でのメディアキャラバンも重要

東京だけでなく、こうしたメディアキャラバンは他の地域でもおこなっています。初めての土地でイベントなどを開催するとき、地場のメディアにごあいさつをしておかないと、記事にしていただけないからです。

2019年3月に、博多マルイで期間限定の実店舗を出したときには、新聞、テレビ、地方経済誌の5～6社にアポイントを取りました。

そのときは、上司に頼み込み、忙しいなか時間を取ってもらって、一緒にあいさつに伺いました。そのほうが私一人で訪ねるよりも、印象が良いと思ったからです。

実際、上司に同行してもらったことで、「よく来てくれました」と歓迎され、別のメディアを紹介してくださる方もいらっしゃいました。結果、多くのメディアに取り上げられ、たくさんのお客さまのご来店につながったのです。

兼任広報だからこそのメリットとは?

私は、他社の広報担当の方より出張が多いですし、社内で提案が通ることも多いかもしれません。出張や提案を許可してもらえるのは、社長や上司が広報の重要性を理解していて、社員の意見を尊重する企業風土があるからだと思います。忘年会を広報の都合でもう一度開かせてもらえたのがいい例です。

ただ、私に対する信頼があるとしたら、それは広報以外の仕事もしていることが大きいかもしれません。

私は、広報のほかに採用や労務、総務などの業務も担当しています。広報担当になったころはわからないことが多く、失敗もありましたが、採用や労務関係の仕事で評価をしていただいていたからか、出張の判断をはじめとした広報戦略についても、任せてもらえることが多くなっていきました。

広報ですぐに成果を出すことは難しいかもしれませんが、ほかの仕事も兼任している場合、その仕事で成果を出すことが可能です。兼任広報は専任広報と比べて、広報業務に割ける時間が少ないというハンデがありますが、ほかの仕事で信頼を得られるのは、兼任ならではのメリットかもしれません。

「ふたまた」疑惑で大失敗

広報担当になりたてのころは右も左もわからなかったという土橋さん。新聞記者から叱られてしまったことがあるそうです。

「同じ新聞社の二人の記者に同じネタを提案し、どちらもご掲載くださることになったのですが、それを記者に言い忘れていたため、取材が二重に入ってしまいました。そのことが新聞社内でわかり、『別の記者にも同じ話[20]をしていたのか？　いったい何人に話しているんだ』と激しい口調で怒られ、ものすごく反省しました。最初にお話しした記者を優先し、あとから話す記者には『〇〇さんにも同じ話をしています』とお伝えしておくべきだったのです。今思い出すと、恥ずかしいですね」

20　**栗田のコメント**

記者から手厳しい指摘があったようですが、同じ新聞社の二人の記者に同じネタを提案すること自体は間違いではありません。ただそれは一人の記者にまず話してみて、反応が悪かったら別の記者にもアプローチし、その際には「御社の〇〇記者にもこの話はしています」とお伝えするのがベストです。

広報は記者に叱られて育ち、記者もベテラン広報からこっぴどく叱られて一人前になっていくと言います。記者から叱られても、何が問題だったのか、どう解決するかを考えた後は、これも一つの成長のきっかけだと前向きにとらえてください。

ダイニチ工業株式会社

「地方企業」「冬限定商品」でも誠意と速攻で劣勢知らず

左後方が小出さん。広報チームのメンバーたちと。

会社概要・業務内容

1964年に新潟県で石油バーナー・石油ふろ釜メーカーとして創業。1980年より家庭用の石油ファンヒーター、2003年より加湿器の販売を開始。開発から製造、検査までの全工程を新潟でおこなっている。

広報体制

広報チームは4名。メディア対応、社内報制作、WEB広報、広告宣伝を分担して行っている。

広報室長 小出和広さん

1992年にダイニチ工業株式会社に入社。営業・監査・総務担当を経て、3年前から広報室へ。現在はメディア対応、広告宣伝の担当として従事。

毎週上京してメディアネットワークを築く

弊社は石油ファンヒーターや加湿器などを製造している、本社を新潟に置く家電メーカーです。全国に営業拠点を置いた東証一部上場企業ではありますが、広報の拠点は新潟にあるため、東京のメディアにアプローチしにくいという弱点がありました。

さらに、最大のハンデは、製造しているのが冬物製品中心であることです。春から夏にかけては新製品が出ない上、製品の大きな変更は2年に1回程度のペースなので、なかなかプレスリリースが打てず、知名度アップに悩んでいました。

しかし、2014年から全国区で知名度を上げるための「攻めの広報」に力を入れ始めたところ、徐々にメディアで取り上げられるようになり、19年に「カンブリア宮殿」（テレビ東京）への露出を果たしました。そして、20年も、過去最高の露出数を記録しました。

「攻めの広報」をするために、まず取り組んだことは、メディアキャラバンです。当時の広報担当者が毎週のように上京し、直接記者と会って、メディアとのネットワークを地道に広げたのです。[21] 当時の広報担当者は営業も兼務していましたが、限られた時間のなかで足繁く通いました。

東京で行われる広報のセミナーや勉強会に足を運び、「メディアに取り上げて

21 **栗田のコメント**

今なら直接訪問しなくてもオンラインで面会という手もありますが、それはすでに関係構築ができている記者の場合ですので、面識のない記者でしたら直接出向いてごあいさつするべきです。新潟からわざわざ会いに来てくれたとなれば記者もうれしいですし、「新潟では早くも初雪が降った」「アルビレックス新潟の選手が、水泳・池江璃花子選手と同じ病気を克服して実戦復帰した」など、東京ではなかなか気付けない情報をお伝えしたらきっと喜んでくれます。地方にいることはマイナスではなくプラスにもなるのです。また、ほとんどの製品が冬物といっても、夏に何もやっていないわけではないので、何らかの

もらえそうなネタを用意して、記者に売り込むと、会ってもらいやすくなる」ということを学んで、実践していきました。すぐに紹介されなくても、一度でも顔を合わせることで、プレスリリースが送りやすくなります。このメディアとのネットワークが弊社の大きな財産となりました。

購入者アンケートを活用して話題をつくる

次に取り組んだのはプレスリリースのネタづくりです。冬季限定の製品中心で、新製品の情報も乏しいと、発信するネタが枯渇します。

そこでネタづくりの材料にしたのが、製品を購入されたお客さまにお願いしているアンケートです。これは、本来は製品開発に対するフィードバックとして始めたものですが、広報の発信のネタを拾うためにも活用しました。リリースのネタを得るためだけにアンケートを実施したこともあります。

この結果を題材にしたプレスリリースはメディア露出につながりました。

たとえば、アンケート結果から、石油ファンヒーターの購入者の年齢層がここ5年で上昇したことがわかりました。そこで、「購入者の年齢層に合わせたマイナーチェンジで、操作ボタンや文字の表示部を大きくした」ことを強調したプレスリリースを打ちました。すると、いくつかのメディアで取り上げられたのです。

ネタは提供できるはず。

たとえば、ラニーニャ現象で今年は寒冬が予想されるため、この夏は石油ファンヒーターの増産を決めた、という背景があれば、工場で製品を作っている様子を取材してもらえるかもしれません。

季節性に加えて、夏に石油ファンヒーターという意外性もあり、メディアは食いついてくれるでしょう。

購入者の年齢層が上がっていることは、弊社にとってけっしてポジティブなネタではありません。しかし、そのネタをうまく料理すれば、メディアの興味を引くプレスリリースになる、というわけです。

時節に沿った内容をスピーディーに発信する

メディア受けするために、「時節と関連付けた内容を発信する」ことも心がけています。2020年には、コロナ禍における社内の取り組みとして、東京―新潟間のオンライン打ち合わせや在宅勤務などについて発信したところ、主に新潟県内のテレビ局から取材の依頼があり、弊社にとってのオフシーズンであるにもかかわらず、1カ月で8回の露出がありました。

また「次亜塩素酸水を加湿器に入れて噴霧すると除菌につながるのでは」という報道があった際には、加湿器メーカーとしての見解を発信しました。次亜塩素酸についての効果には言及せずに、機器が腐食する可能性があるので、使用方法に沿った水道水の使用をSNSで呼びかけたところ、多くの反響がありました。あくまでメーカーとしての「使用方法を守ってください」ということに留まる内容ですが、世間の関心事に少しでも関連している話題を発信すると、取り上げていただけることがあると感じました。

このような時節に関連づいた話題はスピード感が重要です。新鮮な話題を発信したいときには、プレスリリースではなく、発信したい内容を直接記者にメールして売り込んでいます。特に20年1～3月は1本もリリースを出さずに、記者に直接メールしました。面識のある記者にしか送れませんが、タイミング良く送れるので目を通してもらいやすくなります。

チャンスを逃さないためには、社内への周知も重要

メディアへの露出数を伸ばしている弊社ですが、過去にメディア対応の面で失敗もありました。

広報担当者が出張中に、東京のテレビ局から取材依頼の電話がかかってきたのですが、その電話を取った社員が、電話があった旨をメモし、担当者のデスクの上に残しただけにしてしまったのです。翌日、広報担当者がそのメモを見て、慌てて折り返しの電話をしましたが、時すでに遅しで、別の企業で出演が決定した後でした。

以来、[22]広報担当者が不在の際に会社に取材依頼があった場合は、担当者の携帯の番号を伝えるか、電話があった旨をすぐに担当者へ伝えるよう、社内に周知しています。プレスリリースや企画の提案をした際にも必ず担当者の携帯番号も伝

22 栗田のコメント

中小・ベンチャー企業にとってチャンスは一度きりと言っても過言ではありません。せっかくお目当てのメディアから取材依頼の連絡が来たのに、自分がすぐに出られず他社に流れてしまったら、きっとその製品やサービスに関わってきた社員たちはガッカリしてしまいます。そんな社員の悲しい顔を見なくてすむよう、広報はいついかなるときも即レスポンスできるよう心がけてください。

えて、直接やりとりができるようにしています。

地元のメディアの依頼は絶対に断らない

ダイニチ工業は地元・新潟のメディアとの関わりも大切にしています。

「もちろん地元のメディアは重要です。地元からの依頼に対しては、声をかけてもらったらすぐに対応し、絶対に断らないことを、東京のメディア以上に心がけています。そうすることで信頼感が蓄積され、つながりが深くなっていくと考えています」

また、3年間やりとりをしていた毎日新聞新潟支局の記者が東京に異動になり、毎日新聞出版の『週刊エコノミスト』編集部に配属。同誌の編集長インタビューのコーナーでダイニチ工業を大きく取り上げてくれたそうです。

ほとんどの記者は異動があるので、このようなチャンスにつながることもあります。

株式会社KUURAKU GROUP

現場で働くことは広報活動の大きなプラスになる

中央が齋藤さん。店舗のスタッフたちと。

会社概要・業務内容

1999年に創業。１軒の焼き鳥屋からスタートして、現在は居酒屋を中心とした飲食店を、国内では千葉・東京に17店舗、カナダ・インド・インドネシア・スリランカ・ハワイに16店舗を展開している。外食事業のほかにも「ITTO」個別学習塾や学童保育の「NPO法人みらいく」の教育事業にも力を入れている。

広報体制

広報・デザインチームとして３名体制だが、広報業務は齋藤さん１名でおこなっている。

広報デザインチーム　広報チーフ **齋藤光絵**さん

2010年に新卒で株式会社KUURAKU GROUPへ入社。最初の半年間は店舗で勤務したのちに本社で広報として従事。広報歴は11年。

サービスの企画にまで関わることで、メディア露出を増やす

2010年に新卒で入社した半年後から、広報業務を担当しています。異動後まもなく、前任者が退職したので、最初は広報のイロハすらわからない状態からのスタートでした。そこで栗田さんの主催する勉強会などに参加し、広報活動の具体的なノウハウを学びました。

印象に残ったのは、「サービスや商品の企画まで関わる」ことの重要性です。広報が、「お客さまに喜ばれるだけでなく、メディアの注目も集める」という観点で企画を考えれば、メディア露出につながりやすくなる。その話を聞き、私たちもトレンドを意識しながら実践してみました。

広報が考案した企画のなかで成功した事例の一つが、2017年2月に始まった政府と経済界の個人消費喚起キャンペーンである「プレミアムフライデー」に対応したサービスです。

毎月月末の金曜日は15時に仕事を終えることを推奨する、というプレミアムフライデー。15時以降をどんな活動に充てるか、当時は大変話題になりました。

この時間帯に合わせて、多くの店は「ハッピーアワー」のような時間を限定し

た割引をしていましたが、ほかの店と同じことをしていては埋もれてしまいます。

そこで弊社が打ち出したのが、お店の一角を貸し出す「勉強会プラン」です。そもそも15時に仕事を終えられた方は、オフィス街からそれぞれの自宅近くまで移動してから外食されることが多いので、[23]オフィス街にある店舗はプレミアムフライデーの恩恵を受けづらい状況でした。そこで店内で勉強会を開いていただき、勉強会後の飲食につなげようと考えたのです。

また、当時、世間で「焼き鳥を串から外すな」論争が起きていたので、その理由を実際にお客さまに焼いてもらう体験をすることで知ってもらおうと、「炭火で焼き鳥を焼く大人の職業体験」というプランを打ち出しました。

すると、この二つの取り組みが「プレミアムフライデーに対応した飲食店の取り組み」として「ワールドビジネスサテライト」（テレビ東京）で取り上げられました。そして狙いどおり、オフィス街にある店舗の集客にもつながったのです。

23

栗田のコメント

プレミアムフライデーの開始日は、メディアがこぞってネタ探しをしていましたが、実はこの政策、オフィス街の飲食店にとってはマイナスなんですよという問題提起と、それを逆手に取ってマイナスをプラスに変える企画を実現したという点が、取材獲得のポイントでした。政府がとてもいいことをしてくれて、その恩恵にあずかって万々歳ですという話よりも、今回の施策には落とし穴があったが、一ひねりしたアイデアでピンチをチャンスに変えたという話のほうが、より掘り下げた報道になります。

海外店舗での経験で、インバウンドに先見の明

もう一つ、広報主導の企画で、大きな反響を呼んだのが、2014年ごろから始めた「インバウンド」関連サービスです。当時はまだ、「インバウンド」という言葉も定着しておらず、外国人観光客に対するサービスをしている飲食店は少数でしたが、弊社はカナダ、インド、インドネシアの海外3カ国で店舗を展開していました。広報部長が海外事業部の担当も兼務していて、私自身も海外店舗での研修経験があったことから、「海外店舗で培ってきたノウハウを生かして、外国人観光客向けサービスを充実させてはどうか」と考えたのです。

まずは、「海外からのお客さまには、どんなメニュー表記だと注文がしやすいのか」を研究し、外国人旅行者向けの英語メニューの作成に取り掛かりました。そして、「英語メニューあります」「Wi-Fiあります」という案内を店の外に貼り出しました。すると、目に見えてインバウンドの売り上げが増加しました。翌日から1日1、2組だったインバウンド客数が倍増したのです。

さらに、世界最大の閲覧数を持つともいわれる旅行口コミサイト「トリップアドバイザー」にお店に関連する投稿をしてくれたら、焼き鳥や寿司の食玩ストラップをプレゼントするという企画を始めたり、兜《かぶと》の形を作れる店名入りの折り紙をテーブルにセッティングしたりして、こちらもお客さまに喜ばれました。

これらの一連の取り組みがメディアにも注目され、日経MJに大きく取り上げられました。それをきっかけに、海外で放送されている「NHKワールド」で紹介されると、世界的に評判が広がりました。銀座店ではインバウンド客が6割を占めるまでになったほどです。

現場でスタッフと働き、接客することが、広報業務の原点になる

このように、広報主導で多くの施策を行ってきましたが、実際にお客さまに対して運用するのは店舗で働くスタッフたちです。焼き鳥体験や食玩ストラップ、折り紙のサービスは、通常の店舗業務に一手間も二手間も負担をかけることになります。嫌がられ、反発されてもおかしくありませんが、現場のスタッフは一生懸命対応してくれました。

その最大の要因はスタッフの意識の高さですが、私自身が普段から現場で働いていることも良かったのかもしれません。私は接客の教育も担当することがあったので、コロナ下で営業しているときは週4日、現場のスタッフと一緒に働いていましたし、通常でも繁忙期にはヘルプでお店に入っています。そのなかで自然

とスタッフとの信頼関係や、広報の施策に協力してもらいやすい協力体制を築けているると感じています。

現場で働くことが広報業務の負担になると思われるかもしれませんが、実際は多くのメリットがあります。見過ごされている広報ネタに気付けることは、その一つです。[24]

たとえば当店のつくねはすべて店内で手作り。私も現場で作っています。しかしアピール不足で、せっかくのそのこだわりが、あまりお客さまに知られていませんでした。それに気づいてからは、メニューに追記するなどして伝えています。

また、メディアへの取材対応のとき、私自身が現場で働いている体感をもとに、顧客の変化などを具体的にお伝えすることができています。

社内報の重要性も、現場にいたから気付けたことです（コラム参照）。

苦境のときこそ、斬新なアイデアを大胆に試す

２０２０年から続くコロナ禍は飲食業界に大きな打撃を与えつづけています。

弊社も例外ではなく、夜の時間帯の客数が減り、緊急事態宣言下では休業に追い

24 栗田のコメント

現場を知っている広報と知らない広報とでは、その話の厚みが全然違います。記者はそれに気付きます。現場のことをよく知らない広報は表面的で、ある意味「整頓された」話に終始しがちです。現場の突っ込んだことを聞かれると即答できないことが多く、記者からの信頼という面では、やはり現場を経験している広報は強いのです。

齋藤さんのように頻繁に現場でスタッフたちと一緒に仕事することはなかなか難しいかもしれませんが、機会を見つけては現場に足を運び、現場の声に耳を傾けてみましょう。

同じ社内のあなたが「そんなことがあるんだ！」と新たな発見として感じることがあれば、そ

込まれました。しかし、広報がめげているわけにはいきません。

そこで休業中におこなっていたのが、フェイスブックへの積極的な投稿です。それまでは店舗で新たに始めたサービスを投稿していたのですが、休業中ということで、お店を今後も応援していただけるように、と弊社が休業を決めた思いを発信しました。ほかの飲食店の方や、コロナで大打撃を受けている経営者の方を元気づけることができればという願いを込めたのです。

すると、その投稿を見て、ある記者が弊社に注目してくださり、コロナ禍の中での取り組みや、[25]業務再開後に売り上げ回復のために始めた昼間限定のかき氷店営業について記事にしてくれたのです。その記事がきっかけでテレビからの取材も入り、露出の連鎖につながりました。

店舗が休業中でも、広報としてできることがあるのだと実感する出来事でした。

れは記者にとっても興味深い話になるはずです。

25 **栗田のコメント**

2020年5月の緊急事態宣言明けには、夜は焼き鳥、昼はかき氷店という「二毛作営業」で注目を集め、夏が終わったらおしるこ屋に早変わり。そして翌年1月に始まった二度目の緊急事態宣言下では、北千住や銀座にある店舗の軒先でフルーツサンド屋を始め、さらにそれをリヤカーでも社員が売り歩きました。

このように、苦境に立たされるたびに次々と斬新なアイデアを打ち出し、メディアで大きく取り上げられる。転んでもタダでは起きない、そんなピンチをチャンスに変える広報術はまさ

雑誌並みの社内報が、社内の結束にも採用にも好影響

齋藤さんは、現場で働くなかで、年3回制作している社内報が、社員のエンゲージメントやモチベーションを高めていると感じたそうです。
「誌面では、社内で選出したMVPで表彰された国内外のスタッフを紹介しています。海外店舗にも配布しているので、簡単なトピックスは英語も併記しています。雑誌のようにデザインに凝ったり、漫画家志望のスタッフに漫画を書いてもらったり、と力を入れているのですが、自分が掲載されるとご両親に送ったり、あるインドのスタッフの家では家宝のように大切に自宅に飾ったり、と想像以上に大事にしてくれているようです。就職活動中の学生からも、『働いている人たちの雰囲気が感じられる』と言われ、採用広報にも役立っていると感じています」

に同社の真骨頂ですね。

おわりに

本書を最後までお読みいただき、ありがとうございました。

「はじめに」でもお伝えしたとおり、本書は6年半前に出したものを修正・加筆した改訂版です。不変の手法や考え方はそのままに、各社の事例紹介は最新のものをという方針で第7章として新設しました。最初の本より、より実践的な考え方がとらえやすく、現場ですぐに生かしていただける1冊に仕上がったのではないかと自負しています。

特に、この11社の事例は、各社の広報担当者が全力で自分の仕事と向き合い、チャレンジして経験した成功と失敗の物語です。方法論として参考になることはもちろんですが、広報という仕事の奥深さや楽しさ、やりがいも伝わってくるかと思います。

なぜこれだけのページ数を割いているかというと、この事例の中にこそ、いま、多くの広報担当者が抱えている問題を解決するヒントが隠されているからです。そして、それが今後社会状況が変わっていったとしても、ずっと役に立つであろう大切なことだからです。

今これを読んでいるあなたが大きな壁にぶつかっているとしましょう。立ち止まって試行錯誤し、何度も跳ね返されながらやっとの思いで乗り越え方を見つける。それももちろん大事です。でもその壁は、過去に誰かが乗り越えている壁でもあるのです。それなら、実際に乗り越えた人に教えてもらったほうが手っ取り早く次に進めますよね。そんな〝乗り越え方〟が事例の中にたくさん盛り込まれていますので、ご自身の立場や環境に置き換えて見つけてみてください。

いま悩んでいることの答えを、さらに具体的に知りたいという人がいたら、2018年3月に私が上梓した『広報のお悩み相談室』（朝日新聞出版）を手に取ってみてください。広報の現場で直面する問題や課題について、Q&A形式で解決法を一つひとつ提示し、悩める広報さんの道標となればという願いを込めて執筆した本で、困ったときの辞典のようにお使いいただけているようです。

さて、本書では第3章を中心に「PRストーリー」が大事だとお伝えしてきました。この考え方は6年半前とまったく変わっていませんし、むしろコロナ禍を経験した今だからこそ、ますます不可欠になったと言い切れます。

メディアはコロナに関連した話題を求めがちですし、以前にも増して「取り上げる意義」を考えるようになりました。たとえば企業が新商品を出す場合も、これまでは「プロダクト（商品の正しい情報、他商品との優位性や特徴など）」と、「ファクト（その商品が受け入れられる土壌、空気感があるという事実、証明）」を説明すれば、ニュース価値を感じてくれました。しかし今はそれだけでは不十分。そこに魅力的なストーリーがなければ興味を持たれないのです。

ストーリーの重要性は第7章の各社事例の中に所々出てくることでも裏付けられますが、プレスリリース配信サービスをおこなうPR会社のPR TIMESが2020年にスタートした「PR TIMES STORY」を多くの企業が利用し始めていることからもわかります。これはプレスリリースを配信するだけでなく、その裏で奮闘する人それぞれのストーリーを届けるツールです。味わった苦悩、たどり着いた決断、貫いた信念などを当事者本人が語ることで、共感を得やすくしているのです。

本書では、第1章の「リリースでは『熱』を伝える」という項目で説明していますが、今では広報に関わる多くの会社や個人が当たり前のように意識しているというのは、とてもうれしいことです。最近の言葉で言い表すと「ナラティブ」、つまり、聞く人の感情に訴えかける人間味のある物語を熱く語ることが大事なのです。そんなナラティブなリリース、報道向け資料をつくったのが、第7章で紹介しているワークマン、オアシスライフスタイルグループです。こうやって読み手の心を動かし、共感される伝え方ができる人こそ、アフターコロナ時代にも必要とされる広報パーソンなのではないでしょうか。

第1章では、忙しいメディアの人たちにリリースを読んでもらうためのノウハウをいくつか紹介していますが、そこに一つ加えさせてください。

記者が読みたくなるリリースとは「誰かの叫び声が聞こえてくるようなリリース」です。

最後になりますが、2014年9月、最初の本が出来上がった際、私は、ある人に真っ先に贈りました。それは、私が社会人2年目に広報のキャリアを歩み出したときの上司です。元共同通信の記者をされていた方で、私が大学卒業後に入社した会社の広報部長でした。時には厳しく、時には懇切丁寧に広報のイロハを教えていただきました。5年ほど一緒に働いた後、その恩師は定年退職され、長い間お会いしていなかったのですが、発売の前年12月に朝日新聞の「ひと」欄に私が掲載されているのを見つけ、「あなたが今も広報の仕事に携わり、しかも新聞で紹介されるほど活躍しているなんて本当にうれしく誇りに思う」という心のこもったお手紙をくださったのです。

私は翌年完成した本とともに感謝の気持ちを綴った手紙を同封しました。

ところが、しばらくして奥様から返信がありました。

「夫は3カ月前に亡くなりました」と。

その文面を見て、なぜもう少し早く書き上げることができなかったのかと後悔しました。

ですが、今思えば、ちょうど執筆のラストスパートの時期でしたので、天国から私の背中を押してくれていたのかもしれません。この場を借りて、そんな恩師に改めて報告します。あなたの教えは今でも私の中で生き続けています。そして、私を通じて多くの広報に携わる人たちにも届いていています、と。

平成初期の薫陶が令和の時代に入っても私の拠り所となっているのは、広報は人をつなぐ仕事で、そこには、どんなに時代が変わっても色あせない手法やノウハウがあるからなのだと、いまあらたに実感しています。

栗田朋一

栗田朋一　くりた・ともかず
1971年、埼玉県浦和市（現・さいたま市）生まれ。明治学院大学社会学部卒。歴史テーマパーク「日光江戸村」を運営する大新東株式会社で広報を担当し、江戸村及びグループ会社全体のコーポレートPRを手がける。2003年に株式会社電通パブリックリレーションズに入社。大阪と東京で大手企業を中心としたクライアントの広報活動をサポート。その後、07年に株式会社ぐるなびに転職し、広報グループ長を務める。08年に「訳ありグルメ」、翌年には「トマト鍋」など、次々と世の中のトレンドやブームを仕掛け、“創る広報”“攻めの広報”の実践で多くのメディア露出を獲得。14年にぐるなびを退社し、現在は、自身で立ち上げた株式会社PRacademyの代表取締役として、東京、名古屋、大阪、福岡で、企業の広報担当者を教育・育成する「PRアカデミー」を展開し、数多くの広報担当者たちにPRノウハウの提供とマスコミ人脈の紹介を行っている。著書に、『現場の担当者2500人からナマで聞いた 広報のお悩み相談室』（朝日新聞出版）がある。

＊本書は2014年に小社から出版した
『最強のPRイノベーターが教える 新しい広報の教科書』を一部改題し、加筆修正したものです。

新《あたら》しい広報《こうほう》の教科書《きょうかしょ》

2021年4月30日　第1刷発行

著　者　栗田朋一
発行者　三宮博信

発行所　朝日新聞出版
〒104-8011　東京都中央区築地5－3－2
電話　03-5541-8814（編集）
03-5540-7793（販売）

印刷所　大日本印刷株式会社

 ISBN 978-4-02-331940-0
Published in Japan by Asahi Shimbun Publications Inc.